中华复兴之光
万里锦绣河山

恒山衡山嵩山

冯 欢 主编

汕头大学出版社

图书在版编目（CIP）数据

恒山衡山嵩山 / 冯欢主编. -- 汕头 ： 汕头大学出版社，2016.1（2023.8重印）

（万里锦绣河山）

ISBN 978-7-5658-2372-5

Ⅰ．①恒… Ⅱ．①冯… Ⅲ．①恒山－介绍②衡山－介绍③嵩山－介绍 Ⅳ．①K928.3

中国版本图书馆CIP数据核字（2016）第015710号

恒山衡山嵩山　　　HENGSHAN HENGSHAN SONGSHAN

主　　编：冯　欢
责任编辑：汪艳蕾
责任技编：黄东生
封面设计：大华文苑
出版发行：汕头大学出版社
　　　　　广东省汕头市大学路243号汕头大学校园内　邮政编码：515063
电　　话：0754-82904613
印　　刷：三河市嵩川印刷有限公司
开　　本：690mm×960mm 1/16
印　　张：8
字　　数：98千字
版　　次：2016年1月第1版
印　　次：2023年8月第4次印刷
定　　价：39.80元
ISBN 978-7-5658-2372-5

前言

　　党的十八大报告指出："把生态文明建设放在突出地位，融入经济建设、政治建设、文化建设、社会建设各方面和全过程，努力建设美丽中国，实现中华民族永续发展。"

　　可见，美丽中国，是环境之美、时代之美、生活之美、社会之美、百姓之美的总和。生态文明与美丽中国紧密相连，建设美丽中国，其核心就是要按照生态文明要求，通过生态、经济、政治、文化以及社会建设，实现生态良好、经济繁荣、政治和谐以及人民幸福。

　　悠久的中华文明历史，从来就蕴含着深刻的发展智慧，其中一个重要特征就是强调人与自然的和谐统一，就是把我们人类看作自然世界的和谐组成部分。在新的时期，我们提出尊重自然、顺应自然、保护自然，这是对中华文明的大力弘扬，我们要用勤劳智慧的双手建设美丽中国，实现我们民族永续发展的中国梦想。

　　因此，美丽中国不仅表现在江山如此多娇方面，更表现在丰富的大美文化内涵方面。中华大地孕育了中华文化，中华文化是中华大地之魂，二者完美地结合，铸就了真正的美丽中国。中华文化源远流长，滚滚黄河、滔滔长江，是最直接的源头。这两大文化浪涛经过千百年冲刷洗礼和不断交流、融合以及沉淀，最终形成了求同存异、兼收并蓄的最辉煌最灿烂的中华文明。

五千年来，薪火相传，一脉相承，伟大的中华文化是世界上唯一绵延不绝而从没中断的古老文化，并始终充满了生机与活力，其根本的原因在于具有强大的包容性和广博性，并充分展现了顽强的生命力和神奇的文化奇观。中华文化的力量，已经深深熔铸到我们的生命力、创造力和凝聚力中，是我们民族的基因。中华民族的精神，也已深深植根于绵延数千年的优秀文化传统之中，是我们的根和魂。

　　中国文化博大精深，是中华各族人民五千年来创造、传承下来的物质文明和精神文明的总和，其内容包罗万象，浩若星汉，具有很强文化纵深，蕴含丰富宝藏。传承和弘扬优秀民族文化传统，保护民族文化遗产，建设更加优秀的新的中华文化，这是建设美丽中国的根本。

　　总之，要建设美丽的中国，实现中华文化伟大复兴，首先要站在传统文化前沿，薪火相传，一脉相承，宏扬和发展五千年来优秀的、光明的、先进的、科学的、文明的和自豪的文化，融合古今中外一切文化精华，构建具有中国特色的现代民族文化，向世界和未来展示中华民族的文化力量、文化价值与文化风采，让美丽中国更加辉煌出彩。

　　为此，在有关部门和专家指导下，我们收集整理了大量古今资料和最新研究成果，特别编撰了本套大型丛书。主要包括万里锦绣河山、悠久文明历史、独特地域风采、深厚建筑古蕴、名胜古迹奇观、珍贵物宝天华、博大精深汉语、千秋辉煌美术、绝美歌舞戏剧、淳朴民风习俗等，充分显示了美丽中国的中华民族厚重文化底蕴和强大民族凝聚力，具有极强系统性、广博性和规模性。

　　本套丛书唯美展现，美不胜收，语言通俗，图文并茂，形象直观，古风古雅，具有很强可读性、欣赏性和知识性，能够让广大读者全面感受到美丽中国丰富内涵的方方面面，能够增强民族自尊心和文化自豪感，并能很好继承和弘扬中华文化，创造未来中国特色的先进民族文化，引领中华民族走向伟大复兴，实现建设美丽中国的伟大梦想。

目　录

中岳嵩山

北岳恒山

北岳恒山位于山西大同浑源县城南，与东岳泰山、西岳华山、南岳衡山、中岳嵩山并称为"五岳"。其主峰天峰岭被称为"人天北柱""绝塞名山"。

恒山以道教闻名，有"三寺四祠九亭阁七宫八洞十二庙"之称。其中悬空寺更是闻名遐迩，尤其是寺中的三教殿，释迦牟尼、老子、孔子三教鼻祖共居一室，堪称一绝。

自古以来，历代帝王大都要差使臣到恒山朝圣，无数文人墨客、才子佳人也都游览过恒山胜地，并留下灿烂辉煌的诗篇。

盘古右臂衍化而成恒山

传说在天地还没有开辟以前，宇宙就像个大鸡蛋一样混沌一团。没有天地上下，没有东南西北，也没有前后左右。就在这样的世界中，诞生了一位伟大英雄，他的名字叫盘古。

18000多年过去了，盘古就一直在这个"大鸡蛋"中沉睡。终于有

　　一天，他睁开蒙眬睡眼，发现周围一团漆黑，他想伸展一下筋骨，但"鸡蛋"紧紧包裹着他的身子，使他感到浑身燥热，呼吸异常困难。

　　盘古勃然大怒，他拔下自己一颗牙齿，把它变成了一把威力巨大的神斧，他抡起来用力向周围劈去。

　　一阵巨响过后，"鸡蛋壳"终于破裂了，一股清新的气体散发开来，飘飘扬扬升到高处，慢慢变成了天空。另外一些浑浊的东西则缓缓下沉，就变成了后来的大地。

　　从此，原本混沌不分的宇宙就有了天和地，宇宙间也不再是漆黑一片了。盘古置身其中，只觉得神清气爽。天空越来越远了，大地越来越辽阔了。

　　盘古担心天地会重新合在一起。于是，他叉开双脚，稳稳地踩在地上，高高昂起头颅，顶住天空，并且施展法力，让自己的身体在一天之内变化9次，每次都增高一尺。

　　就这样，每当盘古身体长高一尺，天空就随之增高一尺，大地也

增厚一尺；每当盘古身体长高一丈，天空就随之增高一丈，大地也增厚一丈。

又过了18000多年，盘古身体长得有9万里那么长了，成了一位顶天立地的巨人，天空升得高不可及，大地也变得厚实无比了。

但是，盘古仍不罢休，继续施展法术，直到有一天天终于不能再升高了，地也不能再增厚了。而这时，盘古也已经耗尽了全身的力气。

盘古缓缓地睁开双眼，满怀深情地望了望自己亲手开辟的天地。看到天地间的万物再也不会生活在黑暗中了，盘古才长长地舒了一口气，慢慢地躺在地上，闭上沉重的眼皮，与世长辞了。

在临死前，盘古嘴里呼出的气变成了春风和天空的云雾，他的声音变成了天空的雷电，他的左眼变成了照耀大地的太阳，右眼变成给夜晚带来光明的月亮，千万缕头发变成了点缀美丽夜空中一颗颗闪烁的星星。

他的鲜血变成了奔腾不息的江河湖海，肌肉变成了供给万物生存的千里沃野，骨骼变成了树木花草，筋脉变成了道路，牙齿变成了石头和金属，精髓变成了明亮的珍珠，就连汗水，也变成了霜雪雨露，滋润着万物茁壮成长……

相传盘古倒下时，他的头化作了东岳泰山，他的脚化作了西岳华山，他的左臂化作了南岳衡山，他的右臂化作了北岳恒山，他的腹部化作了中岳嵩山。

而盘古的精灵魂魄，也在他死后变成了人类。所以，后来人们都说，人类自己是世界的万物之灵。

盘古生前完成开天辟地的伟大业绩，死后留下了无穷无尽的宝藏，成为我们中华民族崇拜的伟大英雄。

而恒山，这座由盘古右臂变成的大山，带着上古英雄不朽的血脉，在这片神奇而古老的土地上，历经沧海桑田，弥久愈坚，孕育了无数的神话和传奇。

相传，恒山生长着几十种名贵中药材，在众多的中药材中，尤以恒山紫芝最为名贵。据《恒山志》记载，恒山灵芝仙草为镇山之宝，状如紫色云锦，服之可延年益寿，起死回生。

当地人传说：每一棵灵芝草，便有一条双头毒蛇看护，又说恒山灵芝平时肉眼看不到，只有祈祷北岳大帝，灵芝才会现形放光。

神奇的恒山灵芝仙草传遍四方，嘉靖二十五年，明世宗委派朝廷大员，指令州衙官吏，摘取真芝12棵，留下了《采取玄芝记》的石碑一通。

知识点滴

道教和五岳之名的伊始

在上古时期，"岳"原是掌管大山的官吏职称。据后来史书《史记·五帝本纪第一》记载：

尧曰："嗟！四岳：朕在位七十载，汝能庸命，践朕位？"

这里的"四岳"原指的是上古帝王尧的4个大臣。即四时官，主方岳之事。后来，人们便把主管大山的官吏与岳官驻地的大山名称统一起来，便出现了代表四方大山的"四岳"。

在帝尧时，相传掌管天文历

法的官员羲和氏的4个儿子分别掌管四岳，羲仲为东岳长官，羲叔为南岳长官，和仲为西岳长官，和叔为北岳长官。

后来帝舜曾用了一年时间巡狩四岳，他二月东到泰山，五月南到衡山，八月西到华山，十一月北到恒山，并且封北岳为万山宗主。据我国最早的史书《尚书》记载帝舜：

十有一月朔，巡狩至北岳。岁二月，东巡守，至于岱宗……五月南巡守，至于南岳，如岱礼。八月西巡守，至于西岳，如初。十有一月朔巡守，至于北岳，如西礼……舜帝北巡时，曾遥祭北岳，遂封北岳为万山之宗主。

那时只有东、西、南、北四岳，而无中岳，而且具体说出名称的只有东岳岱宗，就是东岳泰山。在之后，大禹治水时也有"河之北属恒山"的记载。

到了商朝时，汤的女儿昌容自幼受异人传授，善知天文地理。她厌倦宫廷，超凡脱俗。背着父王，暗离朝廷，隐名埋姓，入恒山而修道。

昌容在恒山吃的是树皮草根，饮的是夏泉冬雪。那时恒山上长有一种紫色的草，用这种草染的布不会褪色。昌容每天除修炼外，还沿山四处采紫草，下山卖给染坊，然后把卖得的钱又送与那些生病的人。

有一天，昌容在卖完紫草后，看见一个后生在街头讨钱。她上前一问，后生说家有老母病重，无钱买药。

昌容听后把卖紫草的钱全部给了那个年轻人，吩咐年轻人给他老

母亲买些米面。又给了后生一丸药，叫他回去拿给生病的老母亲吃。

老人吃了昌容的药，果然病愈。母子二人万分感谢昌容。

第二天，后生上恒山砍柴，在一个人迹罕至的山崖上发现了一个山洞。洞口旁的石灶还冒着青烟，从锅里散发出一股异样的香气。

他好奇地爬上洞口，掀开锅一看，锅里煮的尽是些叫不出名的树叶草

根。他向洞里一望，只见昌容正端坐石上，闭目打坐，宛若一座美人雕像。后生大喜，竟然找到了恩人。

又过了几天，后生用卖柴的钱买了一袋小米，上山给昌容送来。当他来到洞口一看，灶在洞空，昌容不知在何方。他等了整整一天也没等着，只好将米留下。又过了十几天，后生砍柴又来到山洞，那袋米还在。

从那以后，人们再也没有见到过这位神秘的恒山女神。

后来，相传有众多神仙出入恒山，他们在恒山修真传道，并开设道场。从此，恒山开始成为道教的福地洞天了。

西周时期的政治家、军事家、思想家和教育家周公旦在他所著的讲述西周官制和政治制度的儒家经典《周礼》中的《职方氏》这篇文章中记载了当时的天下形势：

九州各有镇山，恒山，正北并州镇山。

我国最早的词典和儒家经典之一的《尔雅》一书中也有关于五岳的记载，称"恒山为北岳"，并且因为它位居北方，能够降伏万物，是恒久长远不变的地方，所以称之为"恒山"。

西周的周成王，"巡狩至北岳，北方诸侯朝于明堂"，这是历代帝王对恒山祭祀的开始。

到了春秋战国时期，"阴阳五行"之说颇为流行，因此"五岳"之说正式应运而生。

到了秦初时期，"五岳"的内容开始确定下来。后来西汉初期著名经学者伏生所著的《尚书·大传》中写道：

五岳谓：岱山、霍山、华山、恒山、嵩山也。

此时不仅有了"五岳"的称谓，而且五岳的山脉名称都有具体的指向，北岳恒山赫然就在其中了。秦朝时期专门在恒山设有一郡，就是因北岳恒山在其辖区内而得名。有史书记载：

秦祀官所常奉名山十二，其二曰恒山。

也就是说，秦始皇在位时曾封天下十二名山，而恒山被推崇为天下第二山了。

当时著名的方士茅盈，从18岁开始就到恒山修习道法了：

遂弃家委亲，入于恒山，读老子《道德经》及《周易传》，采取山术而饵服之，潜景绝崖，素挺灵岫，仰希标元，与世永违。

茅盈和他的弟弟茅固、茅衷一起在山上采药炼丹，济世救民，百姓感其功德，山名也一度被更改为"茅山"。后来，茅氏三兄弟在茅山得道，并开创了茅山道派，被后人尊称为茅山道教的祖师。

知识点滴

其实，道教来源于古代的巫术和秦汉时的神仙方术。而鬼神崇拜、神仙信仰与方术及古代哲学确是道教史上的主要思想内涵。

道士所从事的活动内容十分庞杂，有坛醮、布道、符箓、禁咒、占卜、祈雨、圆梦、躯疫、祀神等。布起道来好像玄机无限，显得十分深奥莫测，让人摸不着边际。

道教分为全真道与正一道两大系统。茅山道教是正一道符箓派，茅山道士有一个很特别的地方，就是可以娶妻生子。茅山是正一派道教的主要道场。

最为宏伟的北岳庙建筑

　　在北魏当朝的倡导之下，佛教得到了迅速的发展，以致发展到了危及统治者利益的程度，最终导致北魏太武皇帝拓跋焘于446年下诏宣布"灭佛"。而道教则于此时得到极大的发展，所建造的宫观在大茂山的山阳"褶皱出，随处可见"，北岳庙就是在这个时期兴建的。

北岳庙构筑于天峰岭南坡半山腰上，北倚绝壁，面临山谷，依坡而起，雄伟壮观，是恒山庙中最为宏伟的一座，是现在北岳大帝的主庙，而恒宗殿就是供奉北岳大帝的地方。

恒宗殿，亦名贞元殿，因位于恒山恒宗峰南岩峭壁下，得名恒宗殿，俗称朝殿。建于明弘治十四年(1502)，坐北向南，居高临下，冠于诸庙观之首。

恒宗殿门前有103级石阶，这便是有名的"陡若天梯"。通往前下方到达北岳庙门，即崇灵门。崇灵门面阔三间，单檐悬山顶，朱门铜钉，绿瓦红墙。陡阶两面分别是青龙殿和白虎殿两相拱卫。

登上石阶，就是北岳庙的主殿恒宗殿。恒宗殿殿面阔5间，进深3间，单檐歇山式屋顶，四周有回廊环绕。黄、绿琉璃4瓦覆顶。

恒宗殿门牌匾上题有"贞元之殿"4个大字，门侧有长联，上联为：

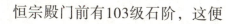

恒岳万古障中原唯我圣朝归马牧羊教化已隆三百载；
文昌六星联北斗是真人才雕龙绣虎光芒雄射九重天。

恒宗殿殿内供奉北岳大帝金身像，头带太平冠，身披朱绫，目光微启，端庄沉静，一派帝王气概。两旁恭立4位文官和四大元帅像。神

座上方高悬康熙御书匾额"化垂悠久"，两旁对联为"威镇坤方庙貌远昭千古，德垂冀地精灵不爽分毫"。恒宗殿左侧是振衣楼，同右侧的藏经楼相对称。

北岳庙的寝宫，隐于幽深之处，嵌于石窟之中。而三清殿，则巧妙地建在绝壁之上，下面则是万丈深渊。魁星阁，独立于险峰，而与北斗相应。明朝李梦龙曾赋诗一首《谒岳庙》，诗中写道：

嵯峨恒岳锁云中，望秩何车有闷宫。

片面飞来明月冷，六龙归去碧山空。

松杉晚把浮岚翠，殿客晴摇旭日红。

敬谒瓣香修岁事，满庭霜叶起秋风。

浑源南去是恒山，路阻千岩万壑艰。

一自重华移望后，便传飞石落人间。

彩云缥缈龙旌远，紫盖茏葱鹤驭还。

时雨时肠帷帝念，愿分和气散尘寰。

过了恒宗殿，就是会仙府，因里面排列着许多神仙的塑像而得名。会仙府建立在一片高平的岩石之上，位于一个形如弯月的石窟内，内塑上、中、下八洞神仙以及福、禄、寿三星。

府外东西两侧悬崖，布满了宋、辽、金、元、明、清历代名人称颂恒山的摩崖石刻，各体书法，异彩纷呈，有相当高的艺术造诣。

在会仙府西北的山岩上就是著名的琴棋台。琴棋台像半轮山月凸出于悬崖峭壁。该台极其平坦，活像一个大棋盘。

琴棋台西边就是通元谷，位于入谷处有一巨大的石门。谷内云蒸霞蔚，草木含翠，蕴藏着无限的生机和灵气。此谷就是八仙之一的张果老炼丹的地方。因为张果老被赐封为通元先生而得名。

由通元谷往南即到九天宫。九天宫殿庭楼阁，规划整齐。宫门外药草丛生，春天带露的杞树茁壮清纯，秋际着霜的野菊高洁挺立，采摘回来配成茶食之作料，芳芬清神。当月凭栏，山中烟云弥漫。和宫中道士把茶而谈，极尽人间悠闲之乐。

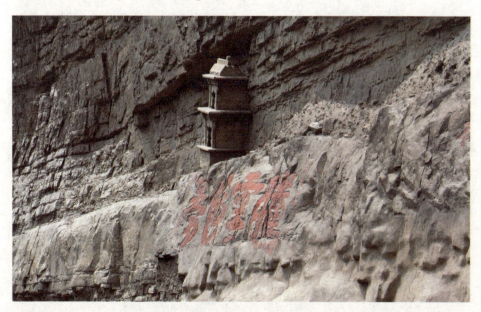

在九天宫的前面则是纯阳宫，相传吕洞宾曾在此降乩卜卦，因而以吕洞宾道号纯阳得名。

在恒山半山腰有两口古井，两者相距不过一米，而水质却是一苦一甜，区别极其明显，被称为"苦甜井"。

相传，恒山过去只有苦井一眼，唐朝时有一个姓魏的道人，在恒山修道讲经数十年。

有一天，魏道人讲经完毕，看到一个老人一直不走，问其原由，老者据实以告："我乃本山黑龙，玄武化身，听道已有数年，深得其意，当为本山尽绵薄之力。"

恰好这一年恒山附近久旱不雨，魏道人就求助于黑龙。黑龙面露难色，说道："降雨救民乃我本职，苦于玉帝禁令，违者诛戮，最轻也得囚于山底，永不超生。"

魏道人只好作罢，又拜谒张果老，张果老作法普降喜雨。玉帝误以为是黑龙所为，便欲诛之，张果老为其求情，才未受诛。

但死罪可免，囚罪难逃，黑龙感恩张果老，想到恒山只有苦井一眼，便主动囚于井底，将自己的口水吐出，供人饮用。天长日久，苦井旁受冲刷之力，形成水井一眼，便是"甜水井"。

甜井很深，从不干涸，水味清洌甘甜，道家弟子奉为圣水。唐玄宗曾为甜井题匾，名为"龙泉观"。

恒宗殿外有有一块"鸡叫石"，相传恒山停旨岭村有一对兄弟，弟弟为人忠厚，心地善良；哥哥好吃懒做，不求上进。父母死后，哥哥分给弟弟一只公鸡，便将其踢出家门。

这一年，天下大旱，虫满为患，上苍因弟弟好善积德，便将公鸡点化，为其捉虫除害。弟弟的庄稼在大灾之年长势良好。

哥哥的庄稼却遭虫害咬噬，哥哥便向弟弟借鸡一用。但是，公鸡无论如何也不愿意走，哥哥便气急败坏地追着公鸡猛打，当追到恒宗殿右侧，哥哥用石击之，公鸡魂魄便向对面山体飞去，只留下一块石头。

这块石头就叫"鸡叫石"，击打其上便作鸡叫之声。清晨敲击鸡叫石，引起山谷回声，如群鸡争鸣，所以被称为"金鸡报晓"。

曲阳历史悠久，因地处古代北岳恒山弯曲的阳面而得名。那是在上古时，恒山所在位置最先认定为曲阳。战国时期，曲阳曾先后为鲜虞、中山和赵国属地，秦始皇统一六国后，开始设置曲阳县。

公元前206年，汉朝设恒山郡，后又设常山郡，曲阳县属之。公元前179年，曲阳改称"上曲阳"。

元朝曾一度将曲阳提升为恒州，故曲阳也有"恒州"之称，可见曲阳与恒山的历史渊源之深，恒山胜景之一的北岳庙，原名"北岳安天元圣帝庙"，俗称窦王殿，就建在曲阳。

知识点滴

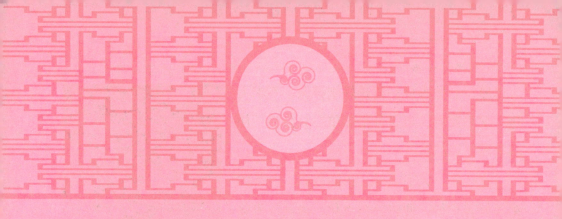

佛道儒三教合一的悬空寺

  491年，北魏朝廷把道家的道坛从平城移到恒山，当时的工匠们根据道家"不闻鸡鸣犬吠之声"的要求建了悬空寺。

  在建造悬空寺时，工匠们首先要布置横梁，然后再在山脚下，制

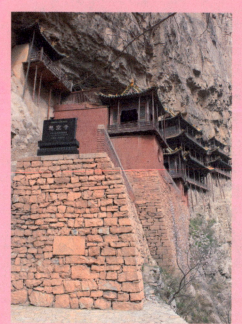

造出每一个建筑上使用的木质构件。所用的木材是经过桐油泡过的，能够有效地防止虫蚁的腐蚀。

  用的木头也是当地产的铁杉木，这种木头适合于建筑、造船等，以保证悬空寺千年不坏。等所有的木构件都造完后，再把它们搬运到山顶拼接起来，最后再用绳索把这些部件放在山腰。

  另外，悬空寺的选址也颇有讲究。悬空寺所在的翠屏峰从高处看

是一个内收的弧形，对面的横山主峰也是一个内收的弧形。两座山的山峰就像两只手一样包拢着悬空寺，使悬空寺的日照时间很短，避免了暴晒。

建成后的悬空寺距地面高约60米，整个寺院上载危崖，下临深谷，龛依背岩，寺门向南，以西为正。全寺为木质框架式结构，半插横梁为基，巧借岩石暗托，梁柱上下一体，廊栏左右紧连。

远观悬空寺，其总体布局对称中有变化，分散中有联络，曲折回环，虚实相生，小巧玲珑，空间丰富，层次多变，小中见大，不觉为弹丸之地；布局紧凑，错落相依，其布局均依崖壁凹凸，审形度势，顺其自然，凌空而构，看上去，层叠错落，变化微妙，使形体的组合和空间对比达到了井然有序的艺术效果。

近看悬空寺，寺内共建有大小房屋40间，全寺主要建筑有三宫殿、三圣殿和三教殿三组，三宫殿为道教天地，是奉祀道教之所。殿内几座塑像都是墨面乌眉，衣袖飞舞，飘飘欲仙。

三圣殿是佛教世界，殿内的释迦、韦驮、天女等塑像，正襟危

坐，两旁弟子拱手侍立，形体丰满，神态感人。

三教殿集我国建筑文化之大成，中为佛祖释迦牟尼，右是圣人孔子，左是道教老子，他们形态各异，集佛教、儒家和道教于一体，充分表现出了各派宗教之间的雍容大度，十分难得。

悬空寺内还有朝殿、会仙府、碧霞宫、纯阳宫、楼台亭、寝宫、梳妆楼、御碑亭等古建筑。有古诗生动描绘了悬空寺惊险神奇和动人心魄的景象：

谁凿高山石，凌空构梵宫，
蜃楼疑海上，鸟道没云中。

后人把恒山悬空寺建筑特色概括为"奇""悬""巧"3个字。

悬空寺之"悬"，是指表面看上去支撑它的是十几根碗口粗的木柱，但有的木柱根本不受力，而真正的重心撑在岩石里，利用力学原理半插飞梁为基。

悬空寺之"奇"，在于建寺设计与选址。悬空寺处于深山峡谷的一个小盆地内，全寺悬挂于石崖中间，石崖顶峰突出部分好像一把伞，既能使古寺免受雨水冲刷，也能在山下的洪水泛滥时免于被淹，还能减少阳光的照射时间，使得悬空寺历经数千年的风雨、地震等灾害的侵袭仍然完好无损，是华夏文明的奇迹。

悬空寺之"巧"则体现在建寺时因地制宜，充分利用峭壁的自然状态布置和建造寺庙各部分建筑，将一般寺庙平面建筑的布局、形制等建造在立体的空间中，山门、钟鼓楼、大殿等都设计非常精巧。

735年，诗仙李白游览悬空寺后，他在岩壁上写下了"壮观"两个大字，但仍觉得不能表达自己激动的心情，便在"壮"上多加了一点。

悬空寺就像一幅玲珑剔透的浮雕，镶嵌在万仞峭壁间，庙宇阁台，凌空欲飞，因而悬空寺被后人称为"挂在天上的'空中楼阁'"。

悬空寺虽然名为"寺"，却以独特的"三教合一"的宗教文化内涵而闻名于世。悬空寺是从金代开始，由原来单一的佛陀世界变成三教合一的寺庙的。后来，悬空寺时僧时道，僧道融合。明代以前是僧，明清两代时僧时道，清末以后都是道人，以后又一直是僧人。正因为这种宗教融合的文化，使得悬空寺在历代战争此起彼伏的金戈铁马格局中历经千年而完好无损，堪称奇迹中的奇迹。

悬空寺的来源还有一个传说。说在古时候，金龙峡谷中的唐峪河历来难以驯服，每当大雨来临，洪水顺着陡峻的山势俯冲而下，翻江倒海，奔腾呼啸，以惊人的速度冲出峡口，淹没山外的村舍田野，一片汪洋，历朝历代对此河束手无策。

有一位仙人云游到此，对人们说，如果在金龙峡谷峭岩上建一座空中寺院，就能锁住蛟龙，消除水患。因而人们就修建了悬空寺来镇住此河。

知识点滴

驰名天下的永安寺壁画

山西浑源县坐落在北岳恒山脚下一块狭长的川地里，浑河从县城边流过。最早建于秦，历代都是据守太行的军事和交通要地。

在辽金时代，恒山是当时的文化之邦。书院学舍、摩崖题刻、楹联碑碣很多。再加上恒山山高风大，气候变化剧烈，故建筑多依悬崖峭壁而建，或开凿石岩而成，形成了独有的奇险特色。

永安寺是一处极为恢宏、壮观的古典建筑群。全寺布局工整，古朴壮观，殿宇雄伟，壁画精奇。因占地广阔、规制高大，被当地人称为大寺。

据《寰宇通志》和《大永安禅寺铭》记载，永安寺始建于金代，后毁于一场火灾。直到元代，才在永安寺的遗址上重新建造了起来。

元朝初年，浑源州的曾任永安节度使的高定解甲返乡后，邀请当时一位德高望重的归云禅师主持重建寺院。因高定回乡后自号永安居士，因而由他捐建的这处寺院便沿用了原来的名字，定名为永安寺。

1315 年，高定的孙子高璞又捐款在寺内建造了传法正宗殿。后来，到了明清时，又修建了寺内的其他建筑，如山门、天王殿、东西朵殿、配殿等建筑。

永安寺坐北向南，面迎恒山，背靠浑水。主要建筑沿中轴线主次分明，左右对称。寺院山门建在正中，气势雄伟，中开3门，琉璃盖顶，两旁又有两小门，共计五门，五门两旁有琉璃八字墙。山门前雄踞石狮一对，高耸金碧辉煌的牌楼一座，进入山门后两座塑哼哈二将，十分威武森严。

寺院分前中后3院。进入前院，钟、鼓楼两面对峙，正中为护法殿，内塑四大护法天王，两面厢房分别是方丈堂、云堂。前院正中是护法殿，内塑东方持国天王、南方增长天王、西方广目天王、北方多闻天王四大护法天王。

东西朵殿分别为方丈室和云堂，东西厢房为库房，厢房正中为全寺的主殿传法正宝殿。东西配殿各7间，为观音殿、伽蓝殿、达摩殿、霜神殿、关帝殿等。配殿南端，对峙着钟鼓二楼，悬檐飞角，建筑艺术较高，大殿东南两侧分别为钟鼓楼。

沿着护法殿两侧可入中院。中院是全寺的主要部分，正中是全寺的主殿传法正宗殿。殿前檐下正中高悬匾额，刻写"传法正宗之殿"6个大字，遒劲典雅，是元代著名书法家雪庵和尚题写。

殿下门两侧的砖墙上雕刻高达3米多的"庄严"两个大字，殿后板门两侧壁上雕刻"虎啸龙吟"4个大字。字体庄严大方，出于太原名士段士达之手。

整个大殿，采用我国传统的木骨与斗拱相结合的建筑手法，稳固庄重，风格疏朗简朴。殿内支柱排列较特殊，明间最宽。沿袭金代做法，减去前槽金柱，在保持合理承重的同时，最大限度地扩展建筑物的内部空间，既适应宗教活动的需要，又可节约木料，设计是非常科学合理的。

大殿下斗拱式样简单，全无繁复支离之弊病，尺度比例适中，与建筑物整体协调，主次分明，华丽美观；大殿内梁架制作规整、严谨，也显示出高超的技法。

传法正宗殿殿堂内正中砌须弥座，上塑金身三世佛、阿难、迦叶，东西两旁塑四菩萨和二天王像，佛像高大雄伟，姿态生动。

殿顶有精美的佛龛和方形藻井，佛龛有数以千计的贴身金佛，四周为天宫楼阁，结构精巧，玲珑美观。

传法正宗殿殿内四壁斗拱布满了巨幅工笔重彩画，彩画高3米、长56.7米，共有800多个人物形象。永安寺殿内正面的元代壁画画的是佛教密宗十大明王彩绘，最为考究，绚丽多姿，表现手法新奇，技艺高超，笔力飞动，给人强烈的艺术感染力。

这组壁画造型匪夷所思，面目狰狞，神态凶恶，令人遐思无限，叹为观止。明王为佛教密宗护法神，因其有智力摧毁一切魔障，故云明王。常见的有五大明王、八大明王、十大明王。

据说，明王为使世人醒悟痴迷，常以狰狞面目出现，如同棒喝，使人迷途知返。在传法正宗殿内正北面北壁上可看到有一明王，蓝颜赤发，面目狰狞，但其双手做揭开自己面皮状，显示撕开面皮后露出的是一副大慈大悲的神容，让人联想到世间万物纷繁的表象和实质的耐人寻味处，其哲理意蕴令人深思。

东西两壁和殿门两旁画着佛道合一的水陆道场，绘有各种神像474个。这些神像彩画分为天、地、人3层，上层为天界，绘有四方天王和日月金木水火土七曜星诸君像。中层为天干地支，二十八星宿及北斗星像。下层是人间帝王嫔妃、文武百官、黎民百姓、僧尼道姑，以及

贤儒烈女、孝子贤孙等像。

西壁和西南壁绘有各种神像397个，也分为3层。上层是五岳圣帝、四海龙王及五湖百川、风云雨雷电诸神像；中层是十殿阎君及地府诸百官像；下层是十八层地狱，以及地狱中众鬼像。

永安寺传法正宗殿大殿的彩绘笔法娴熟，笔力遒劲流畅，色泽绚丽协调，人物刻画细致，表情栩栩如生，是我国古代的壁画杰作。

知识点滴

永安寺传法正宗殿殿顶覆盖着黄琉璃瓦。这在封建社会是帝王的专利，这里却堂而皇之地存在，不是一大忌讳？不是僭越？当时的建寺者高氏父子是如何想的呢？身为朝臣，难道不知这个重大的政治问题吗？

当地人传说高定原想造反，意欲将此殿作为官殿。后朝廷派人调查，便改作寺院了。其实，高定在仕途巅峰时急流勇退，已充分说明他超然物外的个性。岂能冒天下之大不韪呢？

也许，还是清代《浑源州志》说得妙：永安寺用黄瓦不合制度，但殿上又设置皇帝万岁之牌位，文武官员在此朝贺，用黄也就合适了。因此，永安寺才安然得以保存。

南岳衡山

衡山，又名南岳、寿岳、南山，我国南方的宗教文化中心，五岳之一。

南岳衡山以祝融峰之高、藏经殿之秀、水帘洞之奇、方广寺之深而著名，并称"衡山四绝"；以春观花、夏看云、秋望日、冬赏雪为"衡山四季佳景"。

衡山还有许多名胜古迹和神话传说，形成了丰富多彩的文化沉积。它宛如一座辽阔的人文与山水文化和谐统一、水乳交融的巨型公园，吸引着海内外游客。

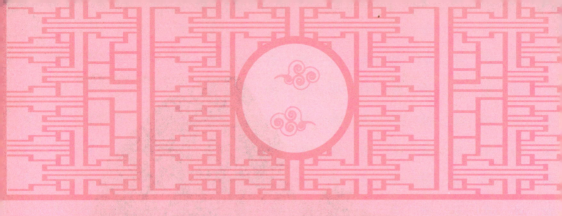

衡山和祝融峰的民间传说

南岳衡山的来源有很多的传说。一说盘古开天辟地，死后化为山川林木，头为东岳泰山，脚化为西岳华山，腹化为中岳嵩山，右臂化为北岳恒山，左臂化为南岳衡山。

一说是中华始祖之一的炎帝神农氏追赶朱鸟，用神鞭将朱鸟打落变成南岳，所以大家在南岳古镇入口处所见的牌坊上便绘有朱鸟图案，南岳山徽"朱鸟"因此而来。

相传帝喾任命祝融担任火正之官。祝融是古时"三皇五帝"中的三皇之一，他在担任火正时，以火施化，为民造福，能昭显天地之光明，生柔五谷林木，后世尊为火神。

后来祝融升天当了神仙，他把

火种埋在了衡山的山里，谁知火种慢慢地燃了起来，南岳一时成了火海。

衡山的山神急了，忙请东海龙王来救火。老龙王降下雨水，可火不灭反而更大了。老龙王向观世音求救，观世音说："只有打通衡山通向渤海的那条通道才可以灭火。"

龙王叫了手下800只龙，日夜不分，打通了那条通道。火灭了，但龙王还怕火再次燃起来，于是叫龙儿们日夜守候在那里。

冬天，天气寒冷，让火大一些，融化山上的雪水，给衡山以湿润和温暖。夏天，用泉水灌输，让火小一些，使天气能凉爽。

正是因为这样，衡山才会有这么舒适的环境。而在南岳大庙里还

有那800只蛟龙在那儿守护这片山山水水。

祝融峰是根据火神祝融氏的名字命名的。相传祝融氏是上古轩辕黄帝的大臣，人类发明钻木取火后却不会保存火种和不会用火，祝融氏由于跟火亲近，成了管火用火的能手，黄帝就任命他为管火的火正官。

因为祝融熟悉南方的情况，黄帝又封他为司徒，主管南方事物。他住在衡山，死后又葬在衡山。为了纪念他对人们的重大贡献，将衡山的最高峰命名祝融峰。在古语中，"祝"是持久，"融"是光明，即让他永远光明。

祝融峰挺拔突起，高出芙蓉、紫盖、天柱、祥光、烟霞、轸宿诸峰之上。在祝融殿的西边，有望月台，月明之夜，皓月临空，银光四射，景色格外明丽。游人站在台上，欣赏月色，较在平地上别有一番景象。即使月亮西沉，这里也留有它的余晖。正如明代孙应鳌的诗所描绘的：

人间朗魄已落尽，此地清光犹未低。

祝融峰附近寺庙林立，其南面有上封寺，隋代以前叫光天观，是道教活动的地方。隋炀帝大业年间，下令改为上封寺。

上封寺的正前方是南天门。上封寺后的山上有观日台，现设有气象台。在观日台旁边，有一块石碑，上面刻有"观日出处"4个大字。在秋高气爽，特别是雨后初晴的日子里，游人可以看到"一轮红日滚金球"的奇景。

衡山有遍山遍岭的竹子，有楠竹、斑竹、毛竹、凤尾竹，还有箭竹、水竹和紫竹。这里的竹子能够结竹米，可以吃。

相传很久以前，祝融峰北面中山沟有座茅屋，住着一个名叫刘二的人，全靠打柴为生。

一天，他扛着扁担、带着弯刀上山去砍柴。看见一头大野猪正在拱竹笋吃。他冲上前去，举起扁担向野猪猛刺。野猪惨叫一声，没命地逃跑了。他走过去，只见那笋子又大又嫩。刘二连忙把笋子扶正，用松土培好，还砍了几根杂树棍钉在四围，才又上山去砍柴。

不久，那只竹笋长成了一根楠竹，青枝绿叶，又大又好看，刘二就把它移栽到自己的茅屋前面。第二年又发了许多竹笋，很快成了竹林。刘二非常高兴，一有空闲，就给竹子培土送肥。竹子越长越多，把刘二的屋子围得严严实实。

有一年，衡山大旱，一连七七四十九天没下一滴雨，禾苗都变成了枯草，老百姓日子很难过。刘二也饿得头昏眼花，每天以野菜、树皮度日。但是，再难他也舍不得砍竹子换粮吃。

一天夜里，他似睡非睡，听到一个声音："我是您亲手栽的那根大竹，名叫竹仙，您救了我的命，多年来，精心栽培，为了报答您的恩情，我们在竹子上结了竹米。"

刘二将信将疑，第二天一早，他走到竹林一看，一棵棵竹子上真的结了厚厚的一层竹米。竹米有麦粒那么大，长长的，两头尖，中间圆，淡黄色。他摘了两升，拿回去煮成稀饭，一尝，香喷喷，软绵绵，就像稻米那么好吃。

刘二高兴得合不拢嘴，连忙把这个好消息告诉了周围的乡亲。于是乡亲们成群结队地上山来了，遍山遍岭的竹米帮他们度过了一场百年不遇的饥荒。

从此以后，衡山的老百姓对竹子有了特别的感情。他们经常垦竹山，赶野猪，保竹笋，使南岳山的竹子长得越来越茂盛。

到了唐尧、虞舜时代，就有了帝王们到衡山巡狩祭祀的记载，也就是在那时，衡山才有了正式的封号"南岳"，相传那时的尧帝、舜帝、禹帝均到过南岳祭祀。《尚书》《周礼》《尔雅》《山海经》《水经注》等著述中都均有关于南岳衡山的记述。

后来，史学家司马迁在《史记》中记载了尧帝曾经巡狩到衡山：

舜……五月南巡，至于南岳。南岳，衡山也。

大禹治水时也曾在衡山杀马祭天地，在皇帝岩斋戒祈求上天帮助，获天赐金简玉书，取得了治水方案，制服滔天洪水，功垂万世。

相传，每年祝融都会带着自己身边的官员，爬到南岳的最高峰上，主持举行"祭山"仪式，祈祷南方各地风调雨顺，五谷丰登，使这里人们的生活比赫胥氏时代又有了进步。

这里的黎民百姓对祝融都非常尊敬，每年秋收以后，他们就成群结队地来朝拜祝融。因为，火是赤色，祝融教化大家如何用火。所以，这里的人们都尊称他为"赤帝"。

知识点滴

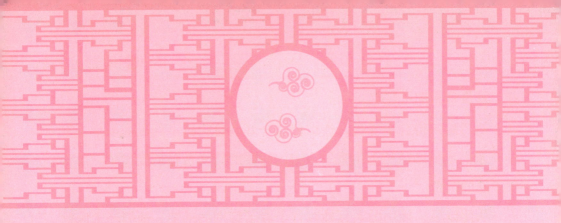

佛教的传入和方广寺绝景

随着道教信士越来越多，道教开始进入衡山开坛，在道家的五岳真形图中，衡山为朱鸟，也即是朱雀的象征，有灵动飞升之意。而在风水表示方位的体系中，东方为青龙，西方为白虎，南方为朱雀，北

方为玄武。因而南岳衡山又被认为是朱雀的化身。

当时，衡山已经建立起了一大批宫观，如衡岳观、招仙观、九真观、西灵观、中宫、北帝院、九仙宫、普贤院、玉清观、太平观和西台观等。

道观多，道徒也多。南岳历史上最著名的道士，在南北朝期间有徐灵期、邓郁之、张昙要等。在后来的唐代，道士司马祯及其弟子薛季昌、王仙峤与后来的邓紫阳等人被封为天师。

大约在502年梁天监年间，当时正是我国的南北朝时期，南天竺僧人菩提达摩来到我国传播禅法，并获得梁武帝的支持而佛教兴盛一时，就在此时期佛教进入了南岳。经逐渐发展，后来的南岳衡山就成了"十大丛林，八百茅庵"之地。

后来，惠海和希遁两位大师来到南岳衡山开坛讲经，此时佛教文化才开始进入南岳衡山，比道家进入约迟了200多年。

到了南北朝的陈朝时，慧思带了徒众40余人前往湖南、入住南岳。在那里继续提倡修禅，陈地信众望风归附，陈主迎他到陈都建业，住在栖玄寺，讲《大品般若》。

慧思很感慨当时南地佛学界偏重理论，轻视禅观，于是双开定慧两门，日间谈理，夜间修禅，同时讲说禅波罗蜜，陈主尊他为大禅师，倾动一时。

慧思的门下颇多，最著名的当推善于发展师说、创立天台学系的智𫖮，其次还有新罗人玄光及大善，其他如南岳的僧照、枝江的慧成、江陵的慧威等都著名于一时。后来，南岳慧思被尊为"天台三祖"，智𫖮为"四祖"。

慧思的弟子玄光更是将南岳思想传入新罗，为以后台宗教义流行于朝鲜半岛的先驱。天台宗学说更是远传日本，流布甚广，成为南岳佛家最重要的宗派。

后来，南岳惠海、慧思、大善、法照、惠成、惠开等18僧人，被誉为南岳18高僧。

因为这里融合了佛、道两教，又同时是佛、道二教的圣地，故而历朝历代以来，这里云集了众多的高僧仙道，同时亦留下了众多的著名寺庵、道观，香火旺盛，绵延不绝，方广寺就是在这个时候建造的。

方广寺在南岳衡山莲花峰中央花蕊之上。据《南岳志》中记载，方广寺始建于南朝梁天监二年。南岳高僧之一的惠海来到这8座青峰围绕的狭长山谷中，见此地与世隔绝，岩壑幽邃，就在这里结草为庵。

明朝初期，浩空和尚将寺院改建为板屋，盖上铁瓦，增设佛堂。并在寺院内雕龙绘凤，把寺院装饰一新。

明崇祯时期，王夫之兄弟及夏汝弼等人受巡抚褚胤锡委托，再次筹款，重新修建。经过两年时间，方广寺焕然一新，雄伟壮观。

后不久，方广寺毁于大火。直到清道光年间，曾国藩的曾任陕甘总督的弟弟曾国荃，费资白银2万余两重新修建了方广寺。

方广寺地处幽深，多泉石、枫树和杉树，深林密竹，风景极美，有"不游方广，不知南岳之深"之说，为南岳之"一绝"。

沿南天门山脊南行，经西岭顺北麓约5千米，就到了深邃幽雅的方广寺，这里古木森森，银泉淙淙，周围八座山峰如莲花瓣瓣，方广寺就是莲心。

方广寺周围有各种珍奇树术，有树冠碧绿如伞的红豆杉、伯乐树，有挺拔的花榈木、银雀树，有芬芳的香果树，果实赤色的红豆杉。花榈木的木纹斑斓多彩，质地坚硬，过去多用来作为宝剑柄。

方广寺后有一棵腰围2米，高10余米的娑罗树，传说这种树木在天上的月宫中才看到。后来仙家将树种送到人间种植，世上才有这种树木。

树下有一水泉，依树取名，叫娑罗泉。僧人将泉水用竹枧引入寺中，饮用十分方便，清人邓辅纶作《娑罗泉》道：

甘露一夕觉，明月当空掸。

上有菩提树，下有娑罗泉。

拨雾掏寒缘，饮此心冷然。

寺院下方不远，有当年惠海和尚洗衣的石台，岩壁上刻着"洗衲"两字，下面就是洗衲池。路边还有明代著名作家张溥读书的啸台和谭元春题留的"恋响"石刻，附近还有南岳最大的一片金钱松林，木质坚硬，树形美观，是很好的风景园林树种。

方广寺四周山坡上还有不少的珍奇物产，如猕猴桃、方广野茶、方竹、龙须草等。此外，山中还盛产罗汉芋。这种罗汉芋制作烹食方法十分奇怪，据《莲峰志》记载：制作时，要到半夜才能采根磨浆蒸煮，且在蒸煮时不能讲话。否则，"闻人声刚辛沸不可尝，故亦名鬼芋"。朱熹、张拭曾作《罗汉芋》诗唱和。

据《一统志》记载：有一天，惠海正在庵中诵经，忽然有5位身材伟岸的壮士来求见。来人面容各不相同，分青、黄、紫、白、黑五色，都身穿白袍。5人请求惠海和尚允许他们听经学佛。

惠海问他们是何方人氏，他们回答说是南岳山中的五位龙神，如果允许他们听经，他们愿意让出一块平地，献给惠海建造寺院。惠海答应了他们的要求。

当天晚上，山谷中乌云骤起，霎时雷声隆隆，大雨滂沱，传来阵阵"哗啦啦"的响声。第二天清早，惠海起来一看，只见山下出现一块宽敞的平地。

惠海到处化缘募捐，在这块平地上建造了一座规模宏大的寺院，寺名方广，寓佛法"十方广布"之意。这就是《南岳志》上记述的所谓"五龙听经，平沙献地"的故事。

知识点滴

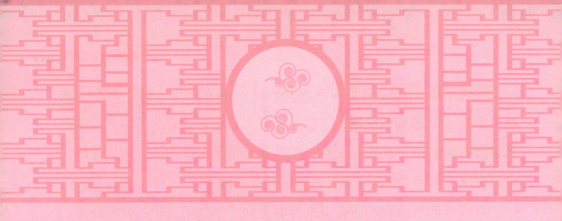

各具特色的众多佛家寺庙

高僧慧思和尚为了更加方便地弘扬佛法，于567年创建了福严寺。

福严寺位于掷钵峰东麓，坐落在磨镜台右侧，前有青翠苍郁的金鸡岭，左后有虎跑泉、高明台，右后有峭拔耸立的天柱峰，是佛教十

大丛林之一。

福严寺在我国佛教史上颇有名气，是禅宗的南宗著名的传法胜地。南岳禅宗主张"顿悟"，所谓"心即是佛"，而摒弃苦行潜修与经院式烦琐哲学的做法，所以禅宗的主张极容易为人所接受、修持，而使整个宗派得以发扬光大，教徒遍天下。

这里松杉茂密，修竹掩映，古藤纵横，幽深秀丽，收揽了南岳胜景。

寺院依山而建，占地约4亩。整个建筑是砖木结构。院堂依次为山门、知客厅、岳神殿、大雄宝殿、祖堂。

第一进是山门。红墙绕寺，山门东北向。门上刻"天下法院"，两旁有副对联：

六朝古刹；

七祖道场。

第二进是知客厅，大门正东向。廊柱上刻着楹联：

福严为南山第一古刹；

般若是老祖不二法门。

对联阐明了该寺的历史和地位。

第三进为岳神像，殿中有岳神塑像一尊。宋朝大诗人、大书法家黄庭坚在《南行录》中说："有岳神铜像一尊。"

这里的寺院一反常规，没有四天王神像，却有岳神神像。传说当时慧思禅师和岳神下棋胜了岳神后，获得这块香火宝地。

他为感谢岳神送地之恩，于是在寺里专门建造一个殿堂，作为岳神游憩下榻的地方，享受人间香火，故而有岳神像。

第四进是大雄宝殿，后来被毁，之后在莲花台上重建了佛宝殿，佛堂原来供奉着陈后主时铸造的铜质坐佛3尊。

沿大雄宝殿后的两侧拾级而上，便是第五进。殿堂3间，为祖堂、方丈、说法堂。说法堂上悬挂着一块金匾，上书"五叶流芳"4字。

寺院的两侧是禅房、斋堂、香积厨。长廊把整个寺院连通，高低错落，浑然一体。在寺院右边侧门外面，有一棵古银杏，有1400余年的历史。相传它曾受戒于慧思和尚，皈依了佛门，山门内的3棵年逾千年的古银杏，因为触犯了佛门清规，被逐出寺外。

当时也有许多百姓信奉佛教，由此带动了僧徒中不少人隐居南岳。而佛教的信徒，一旦法动帝王，贵为国师，位极公卿，就会影响天下。如慧思、法照诸僧，先后当上了梁、隋、唐几代帝王的国师，备受崇信。

不少僧人，受帝王封谥。如慧思谥园慧妙胜禅师，怀让谥大慧禅师、观音大师，道一谥大寂禅师，希迁谥无际禅师，唯劲谥宝闻大师等。

福严寺建造完成之后不久，高僧慧思又在原道教光天观的基础上建造了上封寺，做徒众听法之所。上封寺是南岳最早的古刹之一，供奉弥勒佛。

上封寺右上为观日台，左上为祝融峰，峰上的祝融殿后是不语

岩，岩上有巨石翘首，宛如一只巨龟在奋力向上爬行，被称为"金龟朝圣"。

岩下不远的绝壁上有两石凌空，与悬岩相接，看上去摇摇欲坠，被称为会仙桥，每当月明之夜，这里隐约可以听到丝竹之音，传说是神仙们在桥上饮酒奏乐。

山下水帘洞，飞瀑如泻，帘影高悬，宋朝毕田有咏水帘洞诗一首，专道其妙处，诗中写道：

洞门千尺挂飞流，玉碎珠联冷喷秋；
古今不知谁卷得，绿萝为带月为钩。

可见其景致之不一般。

从上封寺拾级而上有一片古林，树木奇形怪状，由于这里地势高，比较寒冷，从初冬到暮春都积着冰雪，树木的嫩枝多被摧折，为了适应生存，这里的树大都繁枝虬结，看上去卷曲臃肿。树林后有望日台，是元代所建，占地约一亩，站在望日台上可以看到很壮观的日出日落。

上封寺肇建以后，其前期属天台宗，后期属禅宗，到了宋朝则是禅宗黄龙派道场。上封寺的历史特色是生命持续力特别长，总是香火不断，不像福严、南台那样大起大落，寺废僧空。

上封寺山门下有花岗石牌坊，坊额用汉白玉刻"上封寺"3字，两旁石刻联写道：

　　南国记蚨蠓，
　江汉侨民齐景仰；
　　岳神隆望祀，
　西天古佛共馨香。

上至山门，为半圆形花岗石石墙，上有汉白玉"刺建上封寺"门额一方。

著名的诗僧齐己曾在上封寺闭关一个时期，他曾写过一首"行到月宫霞外寺，白云相伴两三僧"的上封寺诗。

上封寺在宋朝重新赐额，寺内且建有穹林阁，建筑已稍具规模。其时宋室南渡，"五岳至今余一岳，北望乾坤双泪落"。

一批南渡官员和文人雅士，到这唯一的"寿岳"来游历，登高远眺，北忆中原，那种荆棘铜驼之感，必然会像东晋名士们那样，新亭痛哭，慷慨激昂，从而写出多少爱国诗篇，抒发忧国忧民之情愫。

从一些诗文的字里行间，可窥见当时的上封寺轮廓。上封寺在当时为一栋栋的板屋，已具备了一定的规模，寺内还建有一座令人流连的穹林阁。张栻在其《游南岳唱酬序》一文中叙述自方广、高台至上封诸寺皆板屋。

板屋是用木板钉盖以代替陶瓦做屋顶的砖木建筑，它的好处是不会像瓦一样被冰雪冻裂，而且木板不易导热，又可以保温。

这类建筑在元朝仍然延续下去，像元代文学家，修过金、辽、宋三史的揭奚斯，就在他那首《登祝融峰赠星上人》诗里说过：

朔风日夜相腾蹙，谷老崖坚松柏秃。

古来铁瓦尽飘扬，山中至今犹板屋。

可见上封寺在宋末元初曾一度使用过铁瓦，因补充不易，且重量不够，仍用木板。

直到明朝中期，铁的冶炼得到较大发展，开始有了铸造工场，铸造的规模和工艺都有显著变化和完善，信士们有可能捐资奉献铁瓦。于是上封寺变成了铁瓦石墙，屹立峰头，给人一种坚不可摧的感觉。

明嘉靖中期，上封寺又新建天王殿，信士罗枬还特地捐资铸成铁质四大天王立像，进行供奉。铁铸四大天王就屹立在殿侧两壁前，伟岸奇特，造型生动，金碧辉煌，威严逼真。

从康熙后期，才有了对上封寺的详细志述。据新编的《南岳志》

记载：

清康熙中，湖南巡抚周召南邀请高僧异目来寺作方丈，大修寺舍，建成一座四进两廊大佛寺。

这是上封寺历史上的鼎盛时期之一。据1735年对当时南岳僧寺163所中的29所的田亩进行勘查，上封寺有田448亩，其经济实力居南岳五大丛林之首。

清同治年间，曾赐过太子少保衔的湘乡人曾国荃捐资白银2万余两，重修上封寺，寺宇一新，曾国荃还有刻碑记载了这份"功德"。

之后，又增建了由上封寺登祝融峰的石板路，重修太阳泉引水石枧，亲自书写了"黄离狮吼"和"震萃风云"两幅横额，镌刻在避雨亭两端。经过一番整顿和修建，寺貌全新，石垣铁瓦，佛像庄严，殿堂肃穆，金碧辉煌。

号称"天下法源"的南台寺相传为南朝梁天监年间创建，原是海印和尚修行的处所。在寺院后左边的南山岩壁上，有一如台的大石。据说当年海印和尚常在这块石上坐禅念经，所以寺名才定为南台。

唐朝时候，著名的高僧希迁禅师，来到南岳衡山受戒结庵于南台寺东大石上，时有称为"石头和尚"。与江西道一禅师一起名闻天下。石头和尚圆寂后，谥"无际大师"，塔命为"无相"。弟子有道司、憔俨等人。

他们宣教弘法，创立了曹洞宗、云门宗、法眼宗3派，其中曹洞宗更为昌盛，形成南宗禅，成为中国佛教史上规模最大、影响最深远的主流。

南宋时，临济、曹洞二宗传到日本。日本佛教界曹洞宗一直视南台寺为祖庭。故南台寺有"天下法源"之称。

后来，日本曹洞宗法脉高僧梅晓和尚，自称是石头和尚第四十二代法孙，专程来南台寺。这时南台寺的重建工程正在进行，梅晓见屋

基楚楚，砖墙厚实，规模宏大，十分高兴。当即向淡云和尚提出寺宇落成，愿赠"藏经"一部，淡云和尚表示乐意接受。

他回国后第四年，就率领日本佛徒数十人，亲自护送到南台寺，并举行了隆重的赠经仪式，留下了"梅晓赠经"的佳话。

出了南台寺，有一条小路通南岳古镇。途经一个大石坡，石坡间有石磴数百级。在岩石上，好像天梯架于岩壁上，故名天生磴。梯下悬崖峭壁，有挂着铁链的石栏杆，山坡旁边有一石，名叫金牛石，相传上面印有金牛足迹。

后来人们又在金牛壁刻上了一首诗，诗中写道：

> 手招黄鹤来，脚踏金牛背。
> 尘世无人知，白云久相待。

距离上封寺不远就是高台寺，高台寺地处秀丽的碧萝峰下，寺院因建筑在海拔1千米以上的岩台处，所以叫高台寺。

　　高台寺始建年代已不可考，南宋乾道年间，朱熹、张栻和林用中等人游南岳时，就与当时高台住持了信和尚有过交往，并题诗赠墨。

　　寺院后来被毁，直到1546年明代嘉靖年间才由楚石和尚在废址上重建。清乾隆年间，再由当时的向盛世募捐修葺。

　　高台寺为石墙青瓦建筑。原来只有3间平房，面积约60平方米。寺门额上刻有"高台古寺"4字，下有"佛祖法门家"5个小楷字。左右楹联是：

松阴匝地；

佛法参天。

寺后是碧萝峰，峰下有一眼泉水，叫观音泉，流水经年不断。

高台寺下面便是巨石堆叠的观音岩，周围石壁上题刻甚多。岩顶的一块巨石，刻有"冠石"和"大鹤行窝"的题留。

"冠石"两字，大2尺余，为行书，是1547年的重阳日所题写的。吴郡张勉发所题"大鹤行窝"4字，是在重阳节由无锡山人高简题刻的。他自诩为得道的仙鹤飞来南岳，在这里憩息。

观音岩下是烟霞洞，洞中曾有千手观音全身塑像，栩栩如生。洞前还有"圆明洞""朱陵洞天""降龙岩"等10余处石刻。

高台寺下左侧空坪上，还有一座八角形的花岗石砌的亭子，叫开云亭。在开云亭的下边有一个半月形的水池，名叫"月池"。石亭的基壁上刻着1米大的行书"月池"两字。亭侧有多处石刻，其中"诚真正平"4字，遒劲有力。

南岳祥光峰下藏经殿，始建于南北朝时期的567年，原名"小般若禅林"，后因明太祖朱元璋赐大藏经一部，存放寺中，故改名藏经殿。

藏经殿是一座琉璃瓦红墙单檐翘角的古建筑。庙宇别致严谨，朴素淡雅，就像被嵌镶在含翠欲滴的丛林中一颗秀丽的明珠。

殿内安放金铜佛像，佛名"毗庐遮那"，纯铜镀金，体态优美，耀眼夺目；四壁油漆彩画，技艺精湛，增添的雕刻，形象生动。

藏经殿的殿前有灵田，每当秋夜，飞光如烛，可以照见老林古殿的轮廓，疑似"鲁殿灵光"，实际上是萤虫聚舞，闪闪发光所致，人们又称之为"萤火虫朝圣"。

灵田前有梳妆台，相传为明桂王的母亲陈太妃梳妆的地方。附近还有钓鱼台，传说是南朝陈后主的妃子张丽华钓鱼之所。

到南岳游览的人，都要到祥光峰下藏经殿去看看那棵摇钱树。每逢夏令时节，那金黄色的果实像一串串的古钱挂满枝头，逗人喜爱。

传说摇钱树的这个地方，在很多年前，是一片古老森林。这里，住着一个姓钟的樵夫，大家叫他钟老倌，靠砍柴度日，一有空暇，就

采些山药帮助附近的穷兄弟治病。不论酷暑严寒，他每日都是摸黑走30里路挑柴下山去卖，卖完柴又爬30里山路，回到这深山老林。

有一天，他卖柴归来，艰难地踏着百步云梯往家走，实在难以支持了，便坐在路旁的石头上歇脚。想想辛苦的过去，又想想凄凉的晚年，流着眼泪对天长叹："唉，叫我怎么过下去啊！"

"不要着急，我来帮你了结这苦日子吧！"

说话的是一位白发童颜的老人。这老人似乎很了解钟老倌的身世，他安慰钟老倌，从衣袖里拿出一粒金黄色的种子说："回家后把这种子种下，今年可以发苗，明年会长成树，后年就会开花结果。你有了这棵树，就可以幸福地度过晚年了。"

接着又说："在这树发枝长叶的时候，不论天晴落雨都要灌七七四十九天的水，每天要灌七七四十九担，每担水要渗进七七四十九滴汗，在这树开花的第一年，每朵花上要滴上你自己的一滴鲜血。"

老人说完就突然不见了，只有一粒黄灿灿的种子留在钟老倌手里闪闪发光。

钟老倌回家后，选了一块最好的地方埋下种子。没过几天，果然发出了芽。从此他每天起来就到苗子边去看，卖柴打转也先要到苗子边转转才进屋吃饭。太阳大了给它遮阴，风雨大了给它搭棚，有害虫伤它就给它捉虫。钟老倌对这棵苗子花的心血真不少。

第二年春天，祝融峰上杜鹃花盛开的时候，这苗子长得比杜鹃花还要高，风刮来杆子不弯，雨打来叶子不落。钟老倌按照老人的嘱咐，每天从山下挑来四十九担水，每担水撒下一大把汗，一共浇了四十九天。

第三年又是祝融峰上杜鹃盛开的时候，这树比杜鹃花高出几倍，开出了一串串淡黄色的花，花虽然没有杜鹃那么大，可是它的清香散满了整个山头。

钟老倌又把自己的鲜血滴在花上。这到底是棵什么树呢？钟老倌并不知道，但他相信，送他树种的老人不是凡人，这棵树也一定不是棵平凡的树。他希望这棵树能给山里的穷苦人造福。

夏天过去了，满树金黄的果子迎风摆动，发出叮当的响声，好像摇动了一串串铜铃。钟老倌顺手摘下一串，壳里滚出几个钱来。都是雪白的银子铸成的。这时钟老倌才恍然大悟，原来是一棵摇钱树。

钟老倌把果子摘下来之后，细细地

盘算着：李家最苦该给他多少，张家最穷该给他多少，一家家算完之后，剩下的恰恰可以给自己家买点米。

钟老倌怕泄露了秘密招来意外灾祸，就在深夜里背着银钱，悄悄送到各家各户。这些人家得了银钱，都不知道是哪里来的。

一年、两年过去了，穷苦人慢慢发觉了这个秘密，钟老倌也只好把实话告诉大家。从此，山里穷苦人都来帮助钟老倌培植这棵摇钱树，保护这棵摇钱树，大家也更加敬爱这棵摇钱树的主人。

后来，南岳人有的到淮南，有的到关外，有的到湖滨，有的到别的深山里，他们都把带去的种子，种在各人落户的地方，所以现在很多地方都长出了摇钱树。

知识点滴

沿上封寺向西的石径路向前行走，两旁柳杉夹道，不到一里地，便来到不语岩。不语岩下边，有一个宽广的石洞。洞壁上刻着"不语挂锡"4个正楷大字，还有4寸楷书"去中一笠"的题留。

《南岳志》说，过去南台寺有一个和尚经常在这里打坐，终日不语，自号不语禅师。他在这里修行的日子很久。有一年冬天，大雪纷飞，灶里的火种熄灭了。于是，他在晚上，提着灯笼，踏着积雪到上封寺去求火种。

上封寺的僧人说道："大师灯内有火，何必相求？"

不语禅师得此禅机，便说："早知灯有火，饭熟几多时。"从此他大彻大悟，修成正果。

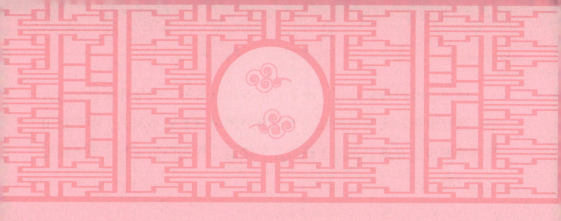

盛极一时的道观和寺院

到了隋唐时期，衡山的道教十分兴盛。有一大批知名的道士居此山修道，其中最著名的有张惠明、萧灵护、廖冲、司马承祯、薛季昌等人。

唐初，因司马承祯言，遂于五岳各建真君祠，南岳神则封为司天王，遣官奉祀。司马承祯在《天地宫府图·三十六小洞天》中说衡山是神仙洞府所在地，是道士修行理想之地，称衡山为道教三十六洞天之第三洞天：

> 第三南岳衡山洞，周回七百里，名曰朱陵洞天。在衡州衡山县，仙人石长生治之。

其后，道士张太虚又被赐号"元和先生"。道士刘元靖更是被赐号"广成先生"，并敕授银青光禄大夫，充崇元馆大学士，加紫绶，铸印置吏，是南岳第一个实授三品职官的道士。

此时，道流势力因官家的支持而日益兴盛，道家文化也就更相应地渗入到各个领域。

唐代除对衡山原有宫观如衡岳观等进行修葺外，又新建有一批宫观，如黄庭观、真君观以及上清宫、元阳宫、洞灵宫、寻真观、洞阳宫、洞门观、紫盖院、石室隐真岩等。

其中的黄庭观在道教中最具名望，其原因主要是由于著名的女道士南岳魏夫人在礼斗坛白日飞升成仙。魏夫人名华存，字贤安，是东晋时期司徒剧阳文康公魏舒的女儿。她幼年时便熟读"庄老之书"，"笃意求神仙之术"，发誓不嫁。

后来在父母的胁迫下，24岁时嫁给南阳刘幼彦，生二子，长名璞，次名瑕。据《南岳志》记中所录的《南岳魏夫人传内传》记载，婚后的华存夫人时常"闲斋别寝，入室百日不出"，每日念经修道。

传说由于精诚所至，感动上天，4位仙君在同一天降临到她家里，授她《太上宝文》《八素隐书》31卷和《黄庭经》。她得到经卷后，日夜诵读，潜心修行。

丈夫死后，天下大乱，华存夫人携带二子渡江南行。尔后又与二子

分开，与侍女麻姑于晋大兴年间来到南岳，在集贤峰下，结草舍居住，静心修道，这就是黄庭观的来由。

在她修行的16年中，传说西王母曾约请她到朱陵山上一起吃灵瓜，还赐给她《玉清隐书》4卷，使得她"时年八十，仍颜如少女"。

83岁时，她闭目寝息，饮而不食，7天后的一天夜里，西王母派众仙来迎接她升天。传说，升天的第一天，有一群仙人驾着鹤车来到观前的"礼斗坛"相迎。

杜甫在《望岳》诗中说"恭敬魏夫人，群仙夹翱翔"，说的就是这件事。

魏华存升天后，被天帝封为紫虚元君领上真司命"南岳夫人"，与西王母共同管理天台山、缑山、王屋山、大霍山和南岳衡山的神仙洞府。

传说华存夫人升天以后，黄庭观里继而升天成仙的也不乏其人。首先是她的侍女麻姑也列入了天庭仙班，她的弟子女夷则成为花神，掌管着天下名花。由于这些神话传说，黄庭观成为南岳道教历史上的神奇之地。

也正是从华存夫人开始，我国出现了女子修道的现象。黄庭观开创了我国女道士修行的先例，故而魏夫人和黄庭观在道教中的声望极高。

　　观宇占地一亩余，共有3进。第一进为憩凉亭，正门的门额有石刻"山不在高"4字，亭南的门额刻有"仙观"两字。二进是过殿，门上刻"黄庭观"3字，门联是：

黄中通理成坤德

庭外升仙忆晋时

　　三进为正殿，现在已无神像。正殿前有石阶17级，房屋重叠，四周古木参天。观外右边，有一块一丈见方的石头。

　　据说此处便是魏夫人白日飞升的地方，原是魏夫人拜天的礼斗坛，后来人们叫它为飞石，上面刻有"飞仙石"3个大字。石头上方平坦如台，下方尖削，却稳固地立在岩石上。

　　据说一个人无心用指头轻轻点，它就微微抖动，倘若故意推它，

众人合力推撞，却纹丝不动。传说这是王母乘云到此，一朵白云落下变成的。

观的周围，怪石嶙峋，松枫丛生；观前一片平畴，阡陌纵横，观约半里外，有一水潭，水浪激石，声传空谷，这就是白龙潭。观前的山脚下，就是龙潭水库，水深澄碧。在晴天的时候，与天上白云相辉映，便呈现出水天一色的景状。

在道教繁荣发展的同时，衡山的佛教也竞相发展，出现了佛、道两教共同发展的局面。

南岳庙坐北朝南，后有赤帝峰，前有寿涧水，庙址呈长方形，总面积达9万多平方米。它不仅是湖南规模最大的一座古建筑物，也是我国南方最大的一座宫殿式古建筑群。

南岳庙始建于唐代初年，主体建筑共分9进，依次为正门、奎星阁、正川门、御碑亭、嘉应门、御书楼、正殿、寝宫及北后门。

正门叫棂星门，牌楼式建筑，由花岗石砌成。左右各有东西便门。正门两旁，有一对石狮子，姿态雄伟。门内翠柏挺立，绿草如

茵，使人顿觉有清新幽静之感。

二进为奎星阁，其上为戏台。台前横额是："古往今来"。台门两边有木雕苍松、白鹤，颜色尚鲜艳。阁东有钟亭，悬有大铜钟一个，是元代铸造，重4500千克。阁西有鼓亭，置有大鼓。

三进为城门式的三大洞门。正中叫正川门，左右为东西川门。正川门内有玲珑别致的御碑亭。亭内有清圣祖康熙四十七年（1708）为重修岳庙而立的一个巨大的赑屃驮石碑，碑文系康熙的亲笔。

四进为嘉应门，东西有角门，角门的部分斗拱还保留着宋代建筑的特色。门内先前有许多石碑，书法甚佳。

自嘉应门左右角门起到寝宫止，东西住房各有53间，几十根红柱相连，整齐壮观。

第五进为御书楼，画栋雕梁，楼上有清代几个皇帝写的匾额和碑文。

第六进为正殿。殿前是一块大坪。正殿耸立在17级的石阶上，正中的石阶嵌有汉白玉浮雕游龙，形象生动，极为精美。

南岳庙的正殿为重檐歇山顶建筑，内外共有72根大石柱，象征南岳72峰。整个殿顶，覆盖着橙黄色的琉璃瓦，并饰有宝剑、大小蟠龙和八仙中的人物。

飞檐四角，垂有铜铃。檐下窗棂、壁板，都雕刻着各种人物故事或花木鸟兽；后墙上绘有大幅云龙、丹凤。所有这些，色彩斑斓，鲜艳逼真。

大殿台阶周围，有麻石栏杆围绕，柱头上雕刻的狮子、麒麟、大象和骏马，千姿百态，意趣横生。栏杆中嵌有汉白玉双面浮雕144块。这些浮雕上的人物以及动物和植物，有些是想象出来的，有些是真实的写照，还有些来源于《山海经》，极其生动。

殿中原来设有岳神座位。历代皇帝对岳神都加赐封号，如唐初封为"司天霍王"，开元间封为"南岳真君"，宋代又加封为"司天昭圣帝"，等等。

整个大殿，显得庄严肃穆，气势雄浑。

七进为寝宫，宫内铜佛重5000千克，是明崇祯年间铸造的。

最后是北门，东为注生宫，西为辖神祠，出北门即可上山攀登祝融峰。

全庙周围，都是红墙围砌，四角有角楼。角楼以内，东边有观8个，西边有寺8个，以正殿为中心，连接阁楼亭台，红墙黄瓦，构成了一组宫殿式的建筑群。充分表现了古代劳动人民在建筑、雕刻和绘画方面卓越的艺术才能。

坐落在南岳庙不远的就是祝圣寺，是南岳六大佛教丛林之一，以古老、宽敞和秀丽而著称。

祝圣寺主体建筑共有5进，分为天王殿、大雄宝殿、说法堂、方丈室、罗汉堂。该寺鼎盛时期，曾住有和尚上千人。寺中建筑金碧辉煌，环境清幽雅致，阁楼台榭随处可见，奇花异草点缀其间。

罗汉堂原有五百罗汉雕像，全部用青石镌刻，嵌在左右墙壁上，活灵活现，是南岳文化宝库中的一颗明珠，后来只存留下了五百罗汉像的拓本。

祝圣寺历史悠久，最早可以追溯到夏朝。据《南岳总胜集》记载，夏朝的君王大禹在这里修建清冷宫，奉祀舜帝。唐朝时，高僧承远在这里创建佛教寺院，名弥陀台寺。承远信奉的是佛教净土宗，净土宗又称莲宗，以称念阿弥陀佛名号，求生西方极乐净土为宗旨。

净土宗认为，该宗有13位师祖，他们依次是慧远、善导、承远、法照、少康、延寿、省常、智旭、实贤、行微、实贤、际醒和印光。承远被尊为净土第三代祖师，他赢得这千秋圣名的功绩主要是在南岳弘传净土法门。

845年，唐武宗李炎不嘉佛教，师事道士赵归真，崇信道教，是时赵归真受武宗宠信，时在武宗面前排毁佛教，于是一时毁佛之事大兴，将4.46万所佛寺毁坏，勒令26万多僧尼还俗。弥陀寺就在这一劫难中被毁废。

五代十国时，马殷据湖南称楚王。适逢有掌诰夫人杨子莹施钱，在弥陀寺旧基上重建寺院，马殷名曰"报国寺"。

至宋朝，赵氏朝廷再崇信佛教，法远兴启。太平兴国年间太宗赵光义下诏，更寺名为"胜业寺"。宣和元年宋徽宗崇信道教，诏天下建"神霄宫"，地方官多以巨刹充替，胜业寺被改为神霄宫，设官提举，后复为寺。

宣和年间，天台宗僧人法忠，遍访名宿至衡湘，衡州给事官冯楫请住持祝圣寺，并支持法忠全面维修寺宇，塑制佛像，清理庙产，景象焕然一新。

历仕高宗、孝宗、光宗、宁宗四朝的著名学家、教育家朱熹和哲学家、教育家张栻畅游南岳时，曾游憩胜业寺。

在元代的160余年中，胜业寺进行过多次维修，并在寺周培植树木，法运依然兴旺。到了明代，胜业寺又进行过多次修缮。1635年，住持佛顶对寺宇、佛像又进行了一次大的修缮。

清初，胜业寺再经修缮、重建，成为盛极一时的大寺院。1705年，湖南巡抚赵申乔拟请康熙帝南巡，便大兴土木，把这里改建成一座宏大而华丽的行宫，后来康熙帝南巡未果，行宫封闭近10年。

至1713年，正逢康熙帝六旬大寿，大湖南北的诸宪台，齐聚南岳建"万寿国醮"，湖广总督额伦特，湖南巡抚王之枢奏改行宫为祝圣寺，请颁《龙藏》，康熙帝颁赐《龙藏》全部，共735函，1669部，7838卷。

16年后，王国栋任湖南巡抚，又一次将行宫改祝圣寺的情况向朝廷呈送了奏折。雍正帝胤禛做了"知道了"朱批，并允肯"祝圣寺"名，祝圣寺名从此开始，是时胜业寺归并祝圣寺。

仁瑞寺也是衡山的一大名寺，是我国禅宗曹洞宗第三十世懒放禅师开山道场、三十一世文穆禅师学修弘化道场，也是具有湖湘地方特色的乘云宗祖庭之一，素以"香火灵验"及"精进禅修"闻名于世。

该寺创建于1649年，创建之初，原为曹洞宗懒放禅师隐居茅庵，后兴建成"仁瑞禅寺"。清朝同治年间，乘云宗恒志禅师扩建为"十方丛林"，清光绪年间敕封为"万寿仁瑞寺"。

山上"万寿仁瑞寺"匾额为清光绪皇帝御赐。慈禧太后钦赐半幅銮架。寺内完好地保存着"千人锅"和"五百人锅"各一口，寺外肃立白塔林30余座，异常难得。

层峦叠翠的南岳七十二峰

衡山气势雄伟，层峦叠翠，林壑深幽。因其地处江南，群峰云雾缭绕，给人以奇妙莫测之感，唐代文学家韩愈曾有"欲见不见轻烟里"的赞誉。

衡山山形似朱雀，且山中多雨，常有云雾缭绕，从湘江之滨远远望去，的确像云雾中的一只大鸟凌空飞翔。其雄伟的姿态、恢宏的气派，无愧为名山南岳之称。

72峰分布在长沙一峰，湘潭、湘乡之间一峰，衡阳4峰，湘潭3峰，衡山县有63峰。

从衡山县湘江之滨远远望去，那耸立南天的祝融峰，形如鸟啄，状如鸟首。东边的吐雾、中紫、白马、采

霞、晚霞、凤凰诸峰，状如马冠。

以祝融峰为轴峰，前面的芙蓉等16峰，紧相依傍，恰似朱鸟壮实的身躯。后面的青岭等13峰，活像翘得长长的鸟尾；南面石廪直至衡阳的回雁等20峰和北面的紫盖乃至长沙的岳麓山等22峰，俨若朱鸟展开大约数百里的彩翼。

清朝人魏源写了"唯有南岳独如飞"，一个"飞"字把72峰说活了，形象地把南岳衡山比作展翅欲飞的大鸟，鸟的头是昂首天外的祝融峰，其南面的芙蓉等16峰紧相依傍，很像鸟的巨大躯体，北面的紫盖峰至岳麓山的22峰则仿佛大鸟张开的彩翼。远望犹似大鹏展翅，跃然欲飞，显示出雄俊、磅礴的气势。

紫盖峰在岳庙东，峰顶有仙人池，峰下有洞灵崖。晋末，邓道士得道处，峰右为朱陵洞。相传与广东罗浮相通，为道家第三洞天。洞口今闭，下有飞泉挂壁，状如垂帘，又称水帘洞。

水帘洞，古名朱陵洞，相传是朱陵大帝居住的地方。道家认为它是道家的"第三洞真虚福地",乃"朱陵太虚小有之天",简称"朱陵洞天",历来是神仙居住的洞府。后人称朱陵洞为"紫盖仙洞"。

相传远古时候,大禹治水,来南岳求金简玉书,曾在朱陵洞天举行祭祀的典礼。

唐朝开元年间,唐玄宗曾经派遣内侍张奉国带道士孙智凉等人,专程从京师来到南岳朱陵洞投放金龙玉简。

这一"洞天投龙"的盛况,详细地记载在《南岳志》上,后人在水帘洞投金龙玉简处写下一副对联:

北向独不朝,泻千尺银河,溅玉飞珠,相望源头来紫盖;
西巡应有恨,弃九重金阙,投龙续命,空寻洞穴向朱陵。

在水帘洞瀑布源头,三支泉水汇集一起,流入水帘洞上方谷地。谷地阔三丈,原是梁朝的九位真人白日飞升的栖息之地,后建造九仙

观。九仙观附近有太阳泉、洗心泉、洞真源、仙人池等。

泉水从石壁上飞流直泻，宽达3米，高50余米，泻珠溅玉，仿佛一幅巨大的白布帘，在石壁当中被乱石嶙岩挡住，然后再从石缝里屈曲折射，跳跃出来，满谷水花四溅，闪烁着晶莹夺目的光彩，发出雷鸣般的声音，声传十里。明朝张居正游此地后说：

瀑泉洒落，水帘数叠，挂于云际，垂如贯珠，霏如削玉。

水帘绝壁下有碧潭，明朝张居正作《水帘洞》一诗赞道：

误疑瀛海翻琼浪，莫拟银河倒碧流。

自是湘妃深隐处，水晶帘挂五去头。

这首诗可说是写出了水帘洞的光、声、影三绝的奇景了。

在水帘洞右边，石壁陡峭。原先在岩上有石屋一幢，名叫龙神祠。这祠堂是唐玄宗派内侍张奉国和道士孙智凉投"金龙玉简"的处所。

距龙神祠相隔20余丈的山洞对面，有一座麻石嵌镶建造的六角凉亭，叫雪浪亭。是清人李元度在清光绪十年时建成的。亭中有石桌、石凳。亭以洞水翻腾如雪浪而取名。

传说朱陵洞与衡阳石鼓山上的朱陵洞相通，在石鼓山的为朱陵后洞，在南岳的为朱陵前洞。水源来自南岳紫盖峰顶，流经山洞，汇入6米余宽、深不可测的石洞。水满溢出，垂直下泻，形成瀑布，高60余米，宛如水帘悬挂九天，故名水帘洞。

每逢晴日当空，水帘上面，飞虹耀目，五彩缤纷，蔚为奇观。唐、宋、明、清各个朝代，都有不少诗人名家为之题刻赋诗。石刻有宋代的"南岳朱陵洞天"、明代的"天下第一泉"、清代的"夏雪晴雷""醉眠观瀑"。

芙蓉峰在岳庙后，峰峦俊秀，远处眺望，宛如芙蓉。峰上有毗庐洞，洞周围25千米，相传为禹王城。峰上飞流如绢，掩映青林，直挂山下。峰上还有见方的讲经石，上镌"天下太平"4字。

石廪峰在岳庙西南，形如仓廪，一开一盖，开则岁俭，盖则岁丰。上有风穴雷池诵经坛，传说为陈真人炼

丹台遗址。峰下有仙人石室，过者常闻吟诵之声。

云密峰在岳庙后面，上有禹王碑刻蝌蚪文，禹碑下有石坛，坛下流水潺潺。峰北有仙灯岩，每遇黑夜，就有火光闪闪，还有禹岩、桃花源等古迹，峰下有云封寺、云密寺等。紫云峰在岳庙后西北，下有文定、甘泉、白沙等书院，有衡岳寺、长寿庵等遗址，是唐高僧懒残大师、惠日和尚住过的地方。

集贤峰在岳庙后，峰下有黄庭观、飞仙石，相传是南岳魏夫人升仙处。石上圆润，下面尖削，寄托于他石之上，一手可以推动，人多反而推不动。峰下有白龙潭古迹和集贤书院，为李泌、张九龄旧游地。

烟霞峰在岳庙后的南天门右后。峰下有懒残岩、烂柯岩、净瓶岩、凌霄坛、高明台等古迹。凌霄坛有宋人石刻：

乾坤天地，名山大川，上下四维，有感明人。

高明台有李泌手书"极高明"3字和韩愈的诗句石刻，笔力刚劲：

邺侯藏多书，插架三万轴。

掷钵峰在岳庙后的磨镜台上，原有东廊、南轩书院。寺有福严、南台。

福严寺有唐太宗御书梵经50多卷，楚云上人刺血写的《妙法莲花经》一部，清乾隆皇帝藏书，现均无存。还有讲经台、三生塔、隐身岩、福严洞等古迹。峰以惠思应召去京掷钵的传说而得名。

莲花峰在岳庙西20千米，状如莲花。方广寺建于"莲花心"中，寺内有慧思、海印和尚的补衲台、洗衲池，寺前有飞来钟悬于白果树上。寺内有宋徽宗赵佶题"天下名山"匾额挂在佛殿，后移至半山亭。

金简峰在岳庙左，右有大禹岩、黄帝岩、金简台等古迹。光明台有珊瑚灵芝，每到深夜，有灵光如烛，相传是大禹求金简玉书处。峰上有石刻：

黑沙之水，知乳甘泉，人得一喝，地久天长。

黄帝岩上有宋徽宗赵佶题"寿岳"石刻。

安上峰在岳庙西4里许。其上有舜庙、舜洞、舜溪、舜井。峰多巉岩，山里人叫尖垒。石岩上有游人题诗：

月宫曾折桂，遗影玉蟾边，

人即收仙籍，垒应系洞天，

有名终不古，无物胜长年，

妙得琴中趣，此声非指传。

巾紫峰在衡山县城后，上有紫金台，台径1米。有相传为大禹祭舜处和王十八菜园等古迹。静谷有二石层叠，是王十八打坐处所，北山有石洞，是他去南岳路径。

朱明峰在岳庙后面，峰下有洞，相传为邝仙修炼成仙之所。自从他进洞以后，不复再出，相传为南岳前洞。

狮子峰在岳庙后山，峰下有灵源，时闻石漱，冷气凛冽，而不见流水奔泻。

华盖峰在岳庙后，地产灵芝仙草，貌似华盖。

云龙峰在岳庙右下，有楼真观，为西晋青莲道士王谷神、皮文曜修仙之所，今诵经石犹存。

潜圣峰在岳庙西，相传唐高僧希迁游南岳，至方广寺访惠海不遇，一日见精舍号方广，遇尊者止宿，次日出会回顾，人宅俱不见，故以潜圣名峰。

妙高峰在潜圣峰右，中有平坦区，相传为惠海禅师诵经处。传说惠海每诵经即有五位白衣长者听经，惠海询问，长者自称龙王所遣，愿献寺基，一夕莲花峰下拥沙成坪，遂建方广寺。

天台峰相传有智顗禅师拜经台、无缝塔、莲花池、酥酪泉、会仙桥等遗址。

文殊峰在岳庙北，相传唐宣宗太子慕道，在衡山高处西坡眺望，看见金色光环中有一弥陀僧，以为文殊现身，所以得名。

观音峰在西岭与方广寺之间。形势奇伟峻险，有新修盘山公路可至其上。峰上多奇花异草，春末夏初，是游览、观赏佳处。

祥光峰在岳庙西北，一名鹤鸣峰，中有灵田，相传夜里飞光如烛。山林古木、奇花、秀草甚多，地处幽谷，实为避暑胜地。

灵禽峰在岳庙西北，上有朝斗坛，相传唐薛幽栖于此。有灵鸟群飞，羽毛异色，红碧相间，声如笙簧，栖于峰上，所以得名。

驾鹤峰在岳庙东，上有驾鹤亭，相传为晋尹真人驾鹤飞升处，因此得名。

赤帝峰在岳庙后，古名炼玉峰，峰后有石刻，上有祝融氏墓。

朝日峰在岳庙左，一名朝阳峰，昔殷先生曾于此晒太阳取暖，所以得名。上有赫胥墓。

侧刀峰在岳庙后，东有石室，惠东子修行于此。峰下有龙池，春夏有万蛙会于池，池沿有桧树、银杏各一棵，虬枝翠叶，饱历风霜。

红花峰在岳庙西南，亦名石榴峰，有夕阳岩、夕阳溪。碧云峰在岳庙东，上有紫金台，云气浓如蓝黛。

九女峰在岳庙左西北，其状尖削秀丽，俗名土木岭，云开则雨，雾降则晴，当地山里人凭它以鉴晴雨。有九子岩，下即九仙观。

降真峰在岳庙后，其峰下产云母石。相传古时武阳洞人曾在这里遇到了仙人。据说仙人身上毫毛过寸，武阳洞人惊奇而走，仙人回答："我仙也。素服苍耳，二百余岁，教尔服之。"指示仙草之后，不复再现。

岣嵝峰距南岳25千米，在衡阳北乡。山势雄伟，树木苍古，奇花珍草，香味浓郁，中有禹王庙，庙侧有禹王碑，上有嫘妃墓。前人以岣峨为南岳主峰，山上原有岣嵝、石鼓、廉溪书院等。

衡山72峰，峰峦叠翠，林壑深幽，各有特色。有的翠绿欲滴，郁郁葱葱；有的繁花似锦，四季飘香；有的掷雪飞花，泉水叮咚；有的神奇缥缈，云遮雾障；有的怪石嶙峋，嵯岈互异。

它们各以自身的挺拔俊秀、娇丽婀娜呈现在游人眼前，给人以境界清远深幽、胸怀开阔、妙趣横生的美感。

衡山不仅具有宏观雄健的态势，而且雄中寓秀，刚中有柔。花岗岩山体的节理比较疏朗，加之垂直节理不太发育，因而衡山花岗岩的风化多呈水平的层状剥蚀，形成浑圆的峰峦并覆盖着较厚的风化层。

峰峦的轮廓线条柔和，体态丰满，圆润的石景层层叠起宛若堆云。这里地处亚热带之南部，雨量充沛，气候温和，山上土层较厚，有利于植物生长。衡山植被覆盖率之高以及植物种属之多，均冠于五岳，而且季相特征明显，一年四季各臻其画意之妙。

山上终年烟云缭绕，溪涧潭泉遍布，又赋予南岳以仙山的灵气。仅泉眼就有24处，飞泉流溪，为衡山平添了山间水景之意趣。如像紫盖峰下的"水帘洞"，上覆谷地，下临绝壁，景色惊奇优美。

知识点滴

祥光峰古名鹤鸣峰，在南天门西，天柱峰北，海拔1145米。《衡州府志》：峰"有灵田，常有丹光现，如飞烛状，故名。"《总胜集》云："萧灵护窖丹于此。"此乃传说，实际上，为无数萤虫聚飞于此，远望如一缕缕游动的碧光，有时还可看到这里射出几支光柱，直冲星汉。

南岳四绝美景之一的"藏经殿之秀"即在此峰。殿在峰腹，附近有无碍林、古华居、梳妆台、允春亭、美人池、摇钱树、连理枝、同根生等诸多胜迹。殿后有棵近500年的白玉兰，树高数丈，每年春花似锦。殿前谷地生长着一片原始次森林，中多稀奇动植物。

中岳嵩山

　　中岳嵩山，位于河南登封市西北，它东西横卧，雄峙中原，群峰耸立，层峦叠嶂，风光秀丽，景色宜人。

　　嵩山的建筑群，规模宏大，气势雄伟，为我国现存规模最大最古的建筑群之一。北魏嵩岳寺塔，元代登封观星台，宋代四大书院之一的嵩阳书院以及将军柏和驰名中外的嵩山石碑等一起构成了嵩山"八景、十二胜"之盛观。

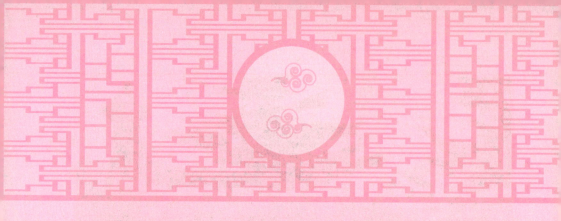

因山高镇守中原而得名

古老相传，天地万物，风雨雷电，都是由天上的玉帝掌管的。他叫天下雨，天就得下雨，他叫地生金，地就得生金。

有一天，天府巡官急步走进天宫，向玉帝禀报，说东方出了水兽，西方出了风妖，南方出了火魔，北方出了冷怪，闹得天下大乱，黎民不得安宁，请求玉帝快快发兵为民除害。

玉帝听罢，急忙把天将招到教场比武选将。谁的本领高，就派谁去降魔。天将们来到教场，经过一番比试，玉帝平日心爱的5个天将中，有4个选上了。

玉帝传下圣旨，命一个到东方去镇水兽，一个到西方去挡风妖，一个到南方降火魔，一个到北方伏冷怪。4员天将领旨，分别带领天兵离开天宫。

5个天将中，唯有一个名叫山高的没有选上。为什么呢？这个山高身体有些单薄，武功虽然也行，但不及其他4将。可是这位山高天将怀有满腹文才，能书善画，智足谋广。

山高看到其他4位天将下凡去了，便到灵霄宝殿向玉帝施礼说："陛下！下界东西南北四方，都有人把守了，陛下就不怕中原出事吗？倘若中原出了大事，东西南北四方把守再严，也是枉然啊！比如一个人残手废脚尚能活下去，若是心脏坏了，可就完啦！"

玉帝听他一说，觉得山高说的也有道理，可是派谁挂帅去镇守中原呢，玉帝发了愁。山高一看，时机已到，便说："末将情愿去镇守中原。"

玉帝知道他武艺不及那4个天将，迟迟没有说话。山高猜知玉帝的心思，就当面立下"军令状"，玉帝这才勉强传旨，让山高天将下凡。

玉帝带着随从来到南天门，拨开云头向东看去；只见一员天将把斩兽宝剑挥了三挥，突然出现了一座大山立于海岸。张牙舞爪的水兽来到山跟前，"砰"的一声，撞得粉身碎骨，翻下海去。玉帝看罢，哈哈大笑，封这座山为"东岳泰山"。

他又拨开云头，向西望去，见一员天将把捆妖绳抢了三抢，突然出现一座大山站在那里。风妖呼呼来到它身边，撞得头破身软，败下阵去。玉帝看着拍手大笑，封这座山为"西岳华山"。

接着，他拨开云头看南方，见一员天将把劈魔铜挠了三挠，突然出现一座大山站在那里。火魔扑来，浑身发抖，掉头就逃。玉帝高兴地封这座山为"南岳衡山"。

他又转过头来看北方，见一员天将，用长矛刺了三刺，突然出现一座大山。冷怪嗖嗖飞来，看见大山毛骨悚然，缩身不敢动弹了。玉帝便封这座山为"北岳恒山"。

最后，玉帝拨开云头俯视中原，只见山高天将一手拿着天书，一手拿着镇世宝刀，把书和刀一上一下，端了三端，突然出现一座大山。又上下端了三端，山又分为两支。接着，两个山脊，慢慢出现72峰，有的像老翁，有的像白鹤，有的像青童，有的像玉女……山上山下，好似一卷美画铺展开来。

玉帝越看越高兴，可到封山的时候，他却发了愁，封什么呢？一个贴身随从悄悄地说："陛下，你看山高天将，长得与山一样俊美啊！"

玉帝灵机一动，"山"与"高"合在一起不是"嵩"字吗？于是封为"中岳嵩山"。

嵩山北依黄河，南绕颍水，层峦叠嶂，东西绵延百里，如果说黄河是中华民族的母亲河，那么嵩山便是峻极于天的父亲山。

远在旧石器时代，古人类就在嵩山一带繁衍生息，位于嵩山腹地的织机洞遗址，有大量的旧石器时代遗存和人类用火遗迹。新石器时代，这里是我国史前文化最为灿烂的地区之一，孕育了著名的裴李岗文化和

大河村文化。

在夏朝建立以前，禹是舜帝臣下的一个部落酋长，居住在嵩山与箕山之间。因此，关于大禹治水的神话和传说是以嵩山为基础的。据《史记》记载：

> 禹之父曰鲧，鲧之父名曰帝颛顼，颛顼之父名曰昌意，昌意之父名曰黄帝。

据说，上古时炎帝部落从西北迁入黄河中游后，曾长期居住在嵩山附近的伊水和洛水流域。其中一支以伯益为部落首领，以崇拜山岳为特征，号称四岳。

《庄子》写道："尧让天下，许由遂逃箕山，洗耳于颍水。"现在还有"挂瓢崖"和"洗耳泉"。

据说，许由在山泉之下正在喂牛饮水之际，大尧与之商谈禅天下，许由听说此事，马上把饮牛喝水的瓢挂在山崖上，把自己的耳朵用此水洗了洗，以示去其污秽之言，后来逃入深山林去了。这个故事，嵩山脚下童叟皆知。

据古书《竹书纪年》和《世本》记载：舜十五年命禹主祭嵩山，舜禅位禹后，禹居阳城，后来人们认为当时的阳城就是嵩山附近的阳城。夏代自禹至桀，共传17王、14世，历432年，王都自阳城数迁，但均在嵩山周围。

殷周时，崇拜嵩山的有申、吕诸国，即四岳的后裔齐、吕、申、许4个姜姓国。

据《史记·周本纪》和《逸周书·作雒篇》中记载：周武王初灭

商，曾计划建城邑于伊、洛，以近"天室"，定保天命。天室即古人认为能够沟通人与天神的嵩山太室。

后来周公在嵩山附近建造了洛邑，作为周朝的统治中心，西周灭亡后，洛邑遂成为东周都城。当时，嵩山如同关中终南山一样，是人们心目中的神山。

嵩山地区是夏、商、周三代的建都之地，立国中心。《史记·封禅书》中记载：

昔三代之居，皆在河洛之间，故以嵩高为中岳。

那时，嵩山的名称叫作"外方"，夏商时则有了"崇高"的称呼。我国最早的一部国别体著作《国语·周语》中称禹之父鲧为"崇伯鲧"，"崇高"之名缘结于此。

《周礼·地官司徒》记载，周公为寻找天地之中营建东都，在嵩山脚下的阳城"以土圭之法，测土深，正日影，以求地中"。

后来的登封观星台的周公测景台，即从侧面反映了嵩山地区为"天地之中"的历史传承。

自古以来，嵩山被认为是万山之祖和神仙居住之地，在"君权神授"的古代，嵩山就成为历代帝王接天通地、永固江山、昌盛国运的祭祀、封禅对象。

《史记·封禅书》中记载，黄帝就常到嵩山"与神会"。帝尧、虞舜、大禹都曾到此巡狩。

最迟在西周初年，嵩山已经成为人们祭祀的对象。武王在嵩山举行的封天祭地大典，开创了我国古代最盛大、最高等级的封禅礼制的先河。秦、汉之后，帝王祭祀嵩山连续不断。

后世人们统计，从周武王开始至清末，历史上有史可查的巡狩、祭祀、封禅嵩山的帝王就有68位。

嵩山以其地处京畿的优势位置、自然景观和人文景观的完美结合，成为中华文明最早、最重要的圣山之一。

知识点滴

黄帝到嵩山"与神会"，开创了祭祀嵩山的先河。之后，帝尧游于嵩山，帝舜制定5年一巡狩嵩山的制度，周穆王巡游太室山，周幽王会盟于太室山。

铸造于西周初年的《天亡簋》铭记载：周武王在灭商后"祀于天室"。公元前1046年，为了庆贺新王朝的诞生，周武王决定举行祭祀天神大典。

嵩山地区曾长期做过夏人和商人的王都，又处于天下之中，周武王认为高耸于天下之中的嵩岳，就是天神之室，他们受天命而克商夺取天下，应当礼拜高大的嵩山。

周武王在完成灭商大业后，便在太公望的陪同下，登上嵩山太室之巅，举行了盛大的封天祭地大典。这次在嵩山举行封禅和望祭山川的重大典礼，无异于周王朝的开国大典，开创了我国最盛大、最高等级封禅嵩山的先河。

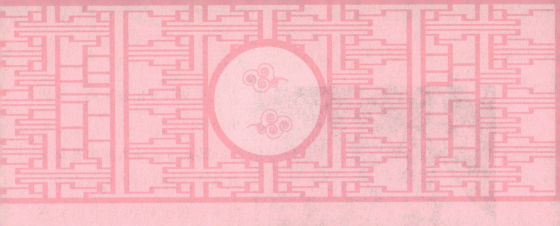

弥足珍贵的中岳汉三阙

东周时周平王迁都到洛阳，定嵩山为"中岳"，五代以后称"中岳嵩山"。

秦、汉之后，帝王祭祀嵩山连续不断。公元前110年，汉武帝率18

万大军从长安出发东巡，到嵩山祭中岳。

汉武帝亲临太室山礼祭太室神祠，封太室山为嵩高山。后来，汉武帝再至中岳太室山，亲率群臣，礼登嵩顶。

据传，当武帝登山时，随从官员听到山间有呼"万岁"之声，又在山上建万岁亭，山下建万岁观，命名山峰为万岁峰，以应山呼之奇。

据说祭典完成后，汉武帝觉得意犹未尽，还想听听华夏先民的故事，就找大臣问话。这大臣小时候常听爷爷讲故事，于是活灵活现地给皇帝讲起了"启母石"的传说。

汉武帝一听，太感动了，大笔一挥，下旨为启母石建了一座庙。大臣也受了封赏，皆大欢喜。

这个传说还与大禹有关。《汉书·武帝纪》颜注引《淮南子》中的记载：

禹治洪水，通辕辕山，化为熊，谓涂山氏曰：欲饷，闻鼓声乃来。

禹跳石，误中鼓。涂氏往，见禹方作熊，惭而去。至嵩高山下，化为石，方生启。

禹曰：归我子！石破北方而启生。

那时候，洪水横流。为了使人民安居乐业，大禹治水跑遍了九州四野。在嵩山南面，西自龙门，东到禹县，有一条大河叫颍河，颍河一泛滥，两岸就变成一片汪洋，什么庄稼也不能生长。

大禹为了把洪水排出去，就在登封县西北的䣛岭口一带，凿山治水。他打算把嵩山南面的洪水引进北面的洛河，然后再让它流到黄河里去。禹的妻子叫涂山娇，涂山是夏的邻邦，位于安徽寿县一带。夫妻俩一起到嵩山治水。

这一天，大禹来到䣛岭口附近一看，这里山势险峻，凿通䣛岭口工程很大。他为了很快开通河道，在凿山时，就变成一只巨大的黑熊。大禹每天忙着开山凿石，没工夫回家，也顾不上吃饭，就叫妻子涂山娇给他送饭。

大禹为了不让妻子知道自己变熊的事，就跟妻子约定：只要她听见敲鼓的声音就去给他送饭。涂山氏就按照他的嘱咐办事。每天，当她听到咚咚的鼓声时，就赶快撑着木筏子，把饭给大禹送到开山的工地上去。这样，夫妻两人虽说都很辛苦劳累，但心里很快活。

有一天，大禹在山坡上行走的时候一不留心，脚下踩动的几块石头从山上滚下来刚好掉在鼓面上，发出了咚咚的响声。大禹因为忙，走得急，也没在意，只管上山去了。

大 禹

涂山娇一听到鼓声，心里纳闷，今天丈夫为什么吃饭早了呢？大概是特别累，饿得也快了吧！于是，她就赶紧把饭做好，急急忙忙撑着木筏子给大禹送饭去了。

谁知道，当她来到山坡前，左等右等，也不见大禹回来，就往山上爬去。她来到山上往下一看，只见有一头大黑熊，正在山下用力凿石推土，开挖河道。

它伸出两条巨臂，用力朝山岩上一推，只听轰隆一声响，山石塌下了一大片，倒在水里，溅起几丈高的浪花。大黑熊这才直起腰来，看看新开出来的山口，乐得眉开眼笑。

涂山娇一见，大吃一惊，心想：自己的丈夫大禹，怎么是一只大黑熊呀！平时自己为什么没有发现呢？一时间，她不知道怎么办才好，就提起饭篮赶快往家跑。一路上，她又羞又急又气。当她快到家门口时，心里一阵难过，往那里一站，就变成了一块石头。

再说大禹，晌午时来到大鼓跟前，敲起鼓来。可是，他敲敲，等等，等等，敲敲，好久也不见妻子送饭来。他想，一定是出了事，就赶紧往家走。

大禹回到家里后，里里外外找不着妻子的影子，只见家门口的山坡上，多了一块巨大的岩石，旁边还放着饭篮子。大禹这才明白：原来妻子早已经变成岩石了。

　　这时，大禹后悔不该把自己变熊的事儿瞒着妻子。他又想：妻子已经怀孕很久了。这一来，咋办呢？我没有儿子，谁继承我的治水大业呢？想到这里，他就急匆匆地走到巨石前面，大声喊道："孩子他娘啊！你就这样离开我了吗？你要把儿子交给我呀！"

　　突然，轰隆一声响，这块巨大的岩石裂开了，跳出一个孩子。大禹急忙把儿子抱了起来。后来，大禹给他起名字叫"启"。所以，那块巨石就叫"启母石"。

　　涂山娇死后，其妹涂山姚嫁给了禹，并负责照顾启，后人就把涂山娇住过的山叫太室山，涂山姚住过的山叫少室山。后来，人们分别在太室山和少室山修建了启母庙和少姨庙纪念她们。

　　在离"启母石"不远的地方，还立着两根由大块方石头垒成的门柱，上边刻着打猎、农耕的浮雕画。这就是当时大禹的家门口，后人叫"启母阙"。

　　启母阙阙身用长方形石块垒砌而成，上面有长篇小篆铭文。阙的

下部是东汉嘉平四年（252）中郎将堂溪典所书《请雨铭》。

启母阙阙身的四周雕刻有宴饮、车马出行、马戏、蹴鞠、驯象、斗鸡、猎兔、虎逐鹿，以及"大禹化熊""郭巨埋儿"等历史故事画像60余幅，其中的蹴鞠图，刻画有一个头挽高髻的女子，双足跳起，正在踢球，舞动的长袖轻盈飘扬，女子两旁各站立一人，击鼓伴奏，展现了汉代蹴鞠运动的真实场面。

除了古老的启母阙，还有嵩山太室山的太室阙、少室山的少室阙，它们一起被称为"中岳汉三阙"，具有悠久的历史。

阙是一种装饰性门观，它是尊贵的符号，是华表的前身。阙由浅浮雕青石垒砌而成，顶部仿屋檐，称为"四阿顶"。每座阙分正阙和子阙，两者连为一体，只是子阙要矮正阙一截。

早在秦代时，就有人在少室山设立寺庙祭祀山神。118年，当时的阳城长吕常在河南登封嵩山南麓中岳庙前500米处建太室阙，那时候太室阙还是太室山庙前的神道阙。隋唐时期香火最为旺盛，到明末被大火毁坏，清顺治年间重修，基本上恢复了宋金时期的布局和规模。

太室阙分东西两阙，分布在中岳庙门前500米的中轴线两侧，阙门间距6.7米，东阙高3.9米，西阙高3.9米。两阙的结构完全相同，由阙基、阙身和阙顶三部分组成。

每阙又分正阙和子阙，正阙和子阙阙身连成一体，从立面看正阙高，子阙低，正阙在内，子阙在外。阙身的石面除了镌刻有铭文外，其余都是以石块为单位雕刻画像。

阙身用长方形石块垒砌而成，共8层，阙的上部用巨石雕砌成四阿顶，南面刻有"中岳太室阳城"6个篆字。阙身四面用平雕的雕刻方法刻出了人物、车马出行、马戏、剑舞以及动物等画像50余幅，再现了汉代朝廷的生活场面。

少室阙是汉代少室山庙的神道阙，在登封少室山下。少室阙阙上有铭文，叙述了大禹在治理洪水时"三过家门而不入"的故事。

少室阙较为完整，东西两阙的结构基本相同，两阙一南一北，相互对峙。阙身由正阙和副阙两部分组成，正阙以长方形石块垒砌而成。北阙雕刻有篆字"少室神道阙"题额，南阙的隶书题铭内容大部分都已剥落，模糊不可辨识。

关于启母石，在民间还有这样一个传说。

相传，大禹娶了涂山氏女之后的第四天，就离别新婚的妻子治水去了，这一别，就是整整13年，在这期间，大禹一次也没有回过家园。

涂山氏女想念丈夫，每天都引颈南眺，盼望丈夫归来。但是，望穿秋水，也不见大禹归来的身影。由于朝思暮想，精诚所至，终于化而为石，端坐于昔日与禹幽会之所。

知识点滴

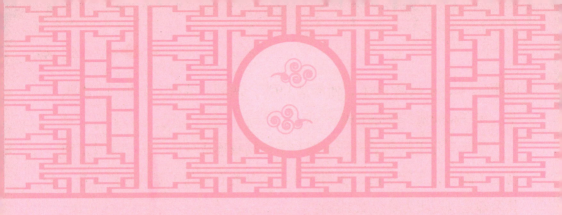

规模最大的嵩山古建筑群

中岳庙建在嵩山南麓黄盖峰下，是嵩山古建筑群的杰出代表。中岳庙在秦代下半期称为"太室祠"，内设祠官专事祀典。

西汉时，汉武帝游嵩岳，中岳庙得到了较大规模的发展。清代乾隆帝重修中岳庙时，以北京皇宫为蓝本，按宫中的布局和建筑来设计，其规模的宏大由此可知一斑。

中岳庙从庙前的中华门到庙后的御书楼、殿楼阁宫、亭台廊碑，排列井然有序，青石板铺成的甬道是中岳庙古建筑群的中轴线。

沿中轴线由南向北，由低而高，依次为中华门、遥参亭、天中阁、配天作镇坊、崇圣门、化三门、峻极门、崧高峻极坊、中岳大殿、寝殿、御书楼。

中华门是嵩山的第一坊，最初建成的时候为木建牌坊，历经风雨，依然不倒。后来，人们在改建的时候，将这座木建牌坊改成了砖瓦结构的殿式牌坊。

坊下开3道拱券门，"中华门" 3个大字题在门额之上，苍劲有力。内外分别题写有 "嵩峻" "天中" "依嵩" 和 "带颍" 8个大字，寓意其得天独厚的自然环境。

遥参亭是过往行旅拜岳神的地方，是重四角亭，亭基高出地面1.58米，亭高5米。亭子四周有砖砌花墙，亭下有明柱撑顶，顶为绿色琉璃瓦覆盖。整个建筑巧夺天工，异常精彩。

天中阁原名"黄中楼"，是中岳的正门。明嘉靖年间重修之后，以"正当天中"之意，易名为"天中阁"。

重修之后的天中阁，形似北京天安门。台上楼阁为重歇山顶，面阔五间，绿瓦回廊，雪花棂门间的"中岳庙"3个大字赫然醒目。

门前月台两侧蹲卧虎视眈眈的石狮各一对，雕工十分精细。门后有3条磨光的青石神道，笔直地通向中岳大殿。

崇圣门因"中天崇圣帝"而得名，原为过往门庭，面阔3间，形制稍大。门后两侧有相对应的两座小亭，东亭为古神库，宋太祖修中岳庙时，将原神像泥土土葬于此，上建坛亭，以示敬意。

崇圣门四周立4铁人，为宋代治平元年铸造，梳发挽髻，阔领长袍，握拳振臂，怒目挺胸，形象十分威武，被称为"守库铁人"或"镇庙铁人"。

这些铁人不仅是研究宋代铸造艺术的珍贵文物，而且寄托着人们祈福祛灾的美好愿望。

化三门取"四气化三才"之意，形制类似崇圣门。门后东有东华门，西有西华门，门内有宋代状元王曾撰文的《重修中岳庙碑》、金代状元黄久约撰文的《重修中岳庙碑》、宋代状元卢多逊撰文的《新修嵩岳中天三庙碑》、陈知微撰文的《增修中岳中天崇圣帝庙碑》，号称四状元碑。碑制高大，字体雄健，挺立庙院，蔚然可观。

再后面两侧各有形制相同的砖石殿台两座，按顺时针方向为东岳殿台、南岳殿台、西岳殿台、北岳殿台。各台上原有殿堂5间，内有风、雷、雨、云神像。殿堂后来被焚毁，现在仅存平台、柱基和台边石栏。

南岳殿台西北有《中岳高灵庙碑》，碑文记载北魏文成帝太安年，寇谦之修建中岳庙的活动情况。

峻极门因中门两侧塑有4米多高的两尊将军像，所以又称"将军门"，为中岳大殿中心院落的"广庭"三门。"峻极门"3字悬在阁额，在峻极门北的走廊内有《五岳真形图碑》，高3米，是明代万历年间刻成。

峻极殿又叫中岳大殿，是中岳庙中规模最大的建筑。歇山式殿顶，黄琉璃瓦顶，七踩和九踩斗拱，透花棂子门窗，金碧辉煌，素有"台阁连云，甍瓦映日"之称。

大殿内吊游龙天花板，下铺磨光青石地面。殿内正座为5米高的中岳大帝塑像，即殿朝"闻骋"，经历代帝王加封为"崇圣大帝天中王"。

御书楼是中岳庙最后的殿宇，原名黄篆殿，为贮放道教经典的地方。始建于明万历年间，清代重修，并为皇帝祭祀岳神的时候在此批阅文书奏章之地，所以名叫御书楼，楼内敬奉着玉皇大帝神像。御书楼两侧顺山房为储藏祭器的地方，并存有历代帝王拜谒中岳时留下的碑石。

崧高峻极坊又名"迎神门"，和北京故宫的承光门相似，是清代建筑的精品。坊起三架，正楼和次楼分别施九踩、七踩斗拱、黄色琉璃瓦盖顶，画栋雕梁，额题"崧高峻极"4字。

坊后有拜台，为砖石砌造而成，寓中岳方位在五岳之中之意。拜台两边分别建有八角重檐黄琉璃瓦亭，东称御香亭，西称御帛亭。

庙的东西两路，还分别建有太尉宫、火神宫、祖师宫、小楼宫和龙王殿等独立的小院落。庙内有330棵古柏、100多通石碑及神鼎、铁人等众多文物，被誉为"文物之乡"。

中岳庙既是祭祀岳神的场所，又是重要的道教宫观。道教虽然兴起于东汉时代，其来源却是我国远古时代的巫术，后来继承了秦、汉以来的神仙方士之传统，历史渊源较长。

中岳庙是道教在嵩山地区的最早基地，原是为了祀奉中岳神而设的。道家尊中岳庙为"第六小洞天"，他们认为这里是周朝的神仙王子晋的升仙之处。

王子晋又名王子乔，传说是周灵王的太子。他喜欢吹笙作凤凰鸣声，游于伊水和洛水之间。那时嵩山有一个道士叫浮丘公，接他上嵩山。

几十年后，有人在山中见到他，他说，告诉大家，七月初七，在缑氏山头等我。那日，果然见他乘白鹤，盘旋数日后才离去。于是后人在缑氏山和嵩山的顶上都建立了神祠纪念他。嵩山峻极峰以东的白鹤观，背负三峰，左右皆绝壁，即为纪念王子晋而建。

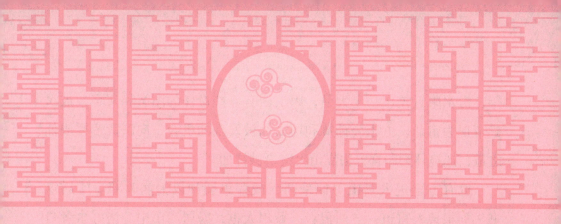

道佛两教传入和大法王寺

经过秦汉两代的发展，嵩山中岳大帝的雏形逐渐形成，并不断趋向人格化，虽然其在宗教方面的特殊地位让于五岳之首的岱宗，但仍是国家祀典的五岳之一。

据史称，秦始皇笃信神仙，曾在嵩山上立祠祭祀岳神。公元前116

年，汾水附近挖出一个大鼎，因上面有一些奇怪的图案和文字，被汉武帝视为宝鼎。方士公孙卿利用大鼎被发现的机会，向汉武帝授成仙之道，遂被拜为印官，去嵩山太室事供神仙。

也有方士进入嵩山寻仙采药，或存思诵神以治病驱邪。《后汉书·刘根传》写道："刘根者，颍川人也，隐居嵩山中。诸好事者自远而至，就根学道。"

因此随着神仙家和方士在嵩山的开拓，中岳大帝的人格化更为明显了。嵩山的圣山地位，是嵩山历史建筑群形成和发展的直接动力。

自汉武帝封禅中岳之后，中岳成为仙人道士的修炼之地。西晋有个著名的道士鲍靓曾登嵩山，入石室，得古《三皇文》，修炼成仙。

后来，成公兴、寇谦之踵随前人，来到嵩山。他们选定太室山中石室住下修炼。成公兴将全部修炼秘诀传给寇谦之，寇谦之聪明好学，日益长进。

寇谦之在嵩山修炼达30年之久，一副道貌岸然的气派，仙风飘然的神韵，后来寇谦之在嵩山创立了北天师道，并以"天师"的身份，宣扬道教，经宰相引荐跃身国师，寇谦之以其道术、法术和权术、谋术，连连相扣，术术应手，终于在鲜卑族的大魏，站稳了脚跟，实现了"国师"之梦。

东汉初年，佛教正式传入我国，首先在东汉都城洛阳和地处京畿的中岳嵩山落迹，并且开始由洛阳、嵩山地区向全国传播。

公元71年，汉明帝下令，在风景如画、清静幽雅的嵩山玉柱峰下，为迦叶摩腾、竺法兰建造大法王寺。此为佛教传入中国后专为佛教建寺之始。

与此同时，汉明帝刘庄为了使佛教在我国得以传播，特许阳城候刘峻落发出家。刘峻出家是"嵩山度僧之始也"，从而为佛教在嵩山乃至全国的传播与发展拉开了帷幕。

此后，在佛教传入我国的最初数百年里，随着禅宗初祖达摩在少

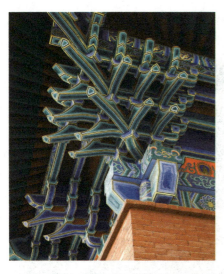

林寺传法故事的渲染及禅宗的广传，嵩山成为了佛教的繁荣圣地。

大法王寺是我国最早的寺院之一，全部面积约为5000平方米。大法王寺成为我国的第一所菩提道场，兴盛于唐宋时期。古人称颂大法王寺为"嵩山第一胜地"，经历代修缮扩建，成为后来人们看到的规模。

大法王寺依山而建，从低到高七进院落，有山门、金刚殿、天王殿、大雄宝殿、地藏殿、西方圣人殿、藏经阁。规模宏大，结构严谨，殿堂楼阁，金碧辉煌。环境幽美，风景如画，登封八大景之一"嵩门待月"就在这里，人称"嵩山八景之首"。

大雄宝殿内正中佛龛额题"恩光普照"，内彩塑释迦牟尼、阿难、迦叶、药师佛、阿弥陀佛。龛后塑观世音和善财龙女像。其左右两侧绘文殊、普贤菩萨，风度典雅，慈祥端庄。

西方圣人殿的殿内正中佛龛内供毗卢佛像，梵语名叫毗卢遮那佛，为释迦牟尼的法身像，代表了佛的绝对真理。

在法王寺还有很多的古塔、古树和古石刻，非常珍贵。

在法王寺的寺内甬道两侧，有两棵千年以上的银杏树，均高30米，周长5米。盛夏之际，树叶茂密葱绿，犹如大伞遮掩。深秋时节，满枝黄叶，累累硕果，山风掠过，落叶撒金，银果落地，将寺院点缀得古朴清幽，分外妖娆。

春暖花开之时，寺院内外传来阵阵芳香，可以爽人襟怀，荡涤邪秒。法王寺周围存有和尚塔6座，其中有密檐式唐塔1座，单层唐塔3座，元塔和清塔各1座。

密檐式唐塔位于法王寺后山坡上，15级方形砖塔，高约40米，周长28米，塔体壁厚2.13米，黄泥砌缝，外涂白灰。塔身密檐层层外迭，迭出塔身最宽者约90厘米。另外，塔身的高度和宽度由下而上递减，呈抛物线形。

塔南面辟一塔门，可直入塔心室。塔心室为方形，上部是空心建筑，从底层可视塔顶。塔心室内供汉白玉佛像一尊，是后来周王为生子所送，称南无阿弥陀佛，玉佛之右下角和双手已残损。

单层唐塔在密檐式唐塔的东边百余米，共3座，均为四角形单层砖塔。虽然铭记已丢失，塔刹和塔基有所剥落，但仍可看出它的造型和制作手法。

南面一座塔高约10米，周长17.5米，壁厚1.3米。塔刹上置覆钵，一半球形砖砌台墩，四周镶砌8块雕花石。为覆钵之上有仰莲式石刻圆盘绶花，绶花之上轩置鼓镜式相轮，最上端为一石雕宝珠。塔刹一周

雕刻有莲花卷草、飞天等浮雕，图案精美，为嵩山古塔中之仅见。

这3座唐塔全都用黄泥混溶凝固，千百年来，虽历经沧桑，但仍旧傲然屹立，并保持着初建时面貌，为研究唐代的建筑艺术提供了重要的资料。

元塔是一座六角形七级砖塔，高约6米，周长7.2米，全部用水磨砖垒砌，饰有多种砖雕图案。塔身第一层南北辟假门，饰雕扇门，迭涩檐下置砖雕斗拱一周，以上各层均为迭涩出檐。

塔身嵌塔铭一块，高0.98米，宽0.5米。据寺前《月庵海公道行碑》记载，该塔建于1316年，为月庵海公圆净之塔。这是嵩山地区雕刻最为精细的一座元代砖石墓塔。

清塔名曰弥鏊澧公和尚塔，六角形七级砖塔，高约11米，周长7.8米。塔身刻有各种花卉图案，嵌有青石塔铭1块，塔刹为青石雕刻，高约1.2米。

知识点滴

嵩山大法王寺相传建于公元71年，名称在后世一再变更。魏明帝青龙年间改为护国寺，西晋时于寺前增建法华寺，隋初造舍利塔，改名舍利寺。

唐太宗贞观年间，敕命补修佛像，赐予庄园，改为功德寺。玄宗开元年间，改称御容寺。代宗大历年间，重修殿堂楼阁，改名文殊师利广德法王寺。至五代时废坏，而分为五院，仍沿袭护国、法华、舍利、功德、御容等旧称。

北宋初，合称五院。仁宗庆历年间增置殿宇、僧寮，重造佛像，改称"嵩山大法王寺"。后存毗卢殿、大雄殿及方形十五层塼塔等。寺据嵩山之胜，为天下名刹之一。

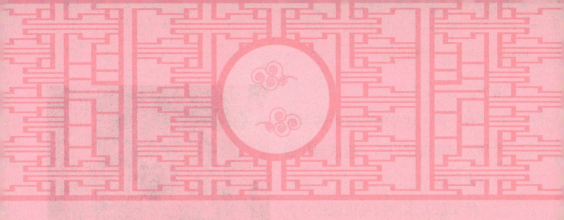

大乘禅宗传入和嵩岳寺塔

南朝梁武帝年间，达摩祖师手持禅杖，信步而行，见山朝拜，遇寺坐禅，于527年到达了嵩山少林寺。达摩看到这里群山环抱，森林茂密，山色秀丽，环境清幽，佛业兴旺，谈吐温洽。

达摩心想，这真是一块难得的佛门净土。于是，他就把少林寺作为他落迹传教的道场。广集僧徒，首传禅宗。因而，嵩山又成为了佛教的繁荣圣地。

关于达摩祖师，在当地还流传着一些故事。佛教禅宗初祖菩提达摩，是天竺国佛教禅宗的嫡传

弟子。

有一天，达摩问师父般若多罗大师："我得法以后，应该到什么地方去传法？"

师父般若多罗回答他说："去震旦。"

达摩遵照师傅的嘱托，东行来到我国。首先在南朝都城金陵晋见了梁武帝萧衍。两人观点不同，话不投机。达摩不辞而别，渡江北上到魏都洛阳去。

走到长江岸边，看到江面宽阔，水深流急，没有船只，正愁着

没法渡江，见不远的地方，坐着一位老婆婆，身边放着一捆芦苇，上前施礼问道："老人家，你是准备用这捆芦苇渡江吗？"

老婆婆抬起头来看看，见来者态度十分诚恳，没有说话，只是点了点头。

达摩心想，一个年迈老人可以踩苇过江，我为何不能呢？于是便恭恭敬敬请求说："老人家，请赐一苇渡我过江。"

老婆婆仍然没有说话，顺手抽出一根芦苇递给达摩。达摩双手接过，告别老人，来到江边把芦苇往江面上一放，轻轻踏上芦苇，顺顺当当过了长江。

当时北魏都城洛阳龙门香山寺，有个和尚名叫神光，听说天竺国高僧菩提达摩在南朝都城金陵弘扬大乘禅法，便前去会晤。他来到金

陵一打听，达摩已经渡江北上了。和尚没有停脚，就在后边紧追。

来到江边时，看见达摩正脚踩一根芦苇过江，而且平平安安登上对岸。再一看，见一位老婆婆坐在江边，身边放着一捆芦苇。

心想达摩一定是用老婆婆的芦苇渡过江去的，于是急急忙忙跑到老婆婆的身旁，不请求主人的允许，抱起芦苇，跑到江边，扔在水中，一个箭步猛地跳上苇捆。

芦苇不仅不向前进，反而连打几个波浪，把神光掀入江中。神光喝了几口水，好在江边水浅，没有生命危险。神光浑身湿透了，涉水上岸后，走到老婆婆跟前问道："前边那人用一根芦苇渡过江去，而我拿你一捆芦苇，为什么险些命丧江中？"

老婆婆说："那人是以礼化取，我当然应该渡他过江。你是无礼抢要，我怎能无缘助你呢！"

神光自知失礼，赶忙向老人家道歉说："老人家，方才我是急于追赶那人，忙中失礼，冒犯施主，请老人家原谅，渡我过江。"

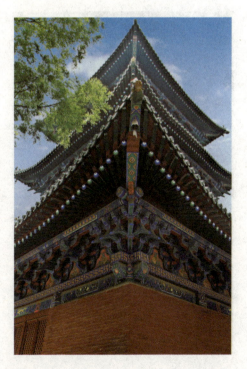

老婆婆看神光有了转变，遂答应施苇相助。神光一扭头，不知老人去向。就在这时江面风起，漂浮在江面上的芦苇捆，又慢慢地荡回到江边。

神光望着老人原来坐的位置深施一礼说："多谢施主指点，小僧去也！"

说罢，慢慢登上芦苇捆，过了长江。当他登上长江北岸时，暗暗自愧地想："我实在不如人家啊！"

神光心悦诚服，紧步赶上达摩，合十施礼，请求说："请大师到嵩山少林寺弘扬大法！"

达摩跟神光来到魏都洛阳，不久又来到嵩山少林寺，一看这里山清水秀，就在五乳峰的山洞中落迹面壁，一坐就是10年。10年功到业成，大乘禅法也开始慢慢传开了。

北魏孝明帝正光年间，为了纪念佛祖释迦牟尼，人们集资建造了嵩岳寺塔，是嵩山地区历史上建造的第一座塔，也是我国历史上出现的第一座砖塔和我国现存最早的塔。

嵩岳寺塔上下用砖砌就，层叠布以密檐，外涂白灰，内为楼阁式，外为密檐式，高41米左右，周长33.7米，塔身呈平面等边十二角形，中央塔室为正八角形，塔室宽7.6米，底层砖砌塔壁厚2.45米，这种密檐形12边形塔在我国现存的数百座砖塔中，是绝无仅有，在当时也是少见。

整个塔室上下贯通，呈圆筒状。塔室之内，原置佛台佛像，供和尚和香客绕塔做佛事之用。全塔刚劲雄伟，轻快秀丽，建筑工艺极为精巧。该塔虽高大挺拔，但却是用砖和黄泥砌筑而成，塔砖小而且薄，历经千年而依旧屹立，充分证明我国古代建筑工艺之高。

嵩岳寺塔无论在建筑艺术上，还是在建筑技术方面，都是中国和世界古代建筑史上的一件珍品。

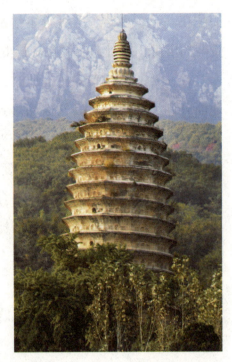

嵩岳寺塔由基台、塔身、15层叠涩砖檐和宝刹组成。台高0.8米，宽1.6米。塔前砌长方形月台，塔后砌砖铺甬道，与基台同高。该塔底部在低平的基座上起两段塔身，中间砌一周腰檐作为分界。

其中下段高3.59米，为上下垂直的素壁，比较简单，仅在四正面有门道。上段高3.73米，为全塔最好装饰，东、西、南、北四面各辟一券门通向塔心室，四正面券门与下段门道通，券门上有印度式火焰券门楣，其余八面各砌出一座单层方塔形壁龛，各转角处砌壁柱。

中部是15层密叠的重檐，用砖叠涩砌出，檐宽逐层收分，外轮廓呈抛物线造型，其内部则是一个砖砌大空筒，有几层木楼板。

最高处有砖砌塔刹，通高4.75米，以石构成，其形式为在简单台座上置俯莲覆钵、束腰及仰莲，再叠相轮七重与宝珠一枚。该塔塔心室作9层内叠涩砖檐，除底平面为十二边形外，余皆为八边形。塔下有地宫。

嵩岳寺塔的轮廓线各层重檐均向内按一定的曲率收缩，轮廓线非常柔和丰圆，饱满韧健，似乎塔内蕴藏着一种勃勃生气。

相传原本嵩岳寺塔既有塔棚又有木梯。在很早以前，寺中的和尚们住在一起，种菜、煮饭等事情都分工明确，那个最小的和尚专门负责清扫塔房，他每天把那儿打扫得干干净净。

有一天，小和尚正在扫地时，突然感到自己的两只脚慢慢离开了地面升到了空中，然后又徐徐落到地上。以后，他每次去塔房清扫都要升空一次，而且一次比一次升得高。小和尚心花怒放，以为自己已修成正果，成为得道西天古佛超度的出家人。

因此，他每次腾空时都双手合十，低首敛眉，默默感谢佛祖的恩典。当小和尚快升到最高一层塔棚的时候，他心想：我从小进寺，师父待我最好。现在我比他先升天，应当跟他说一声。于是找到师父把情况告诉了他。

老和尚一听，觉得这事挺蹊跷，于是便说："你在这儿升一下给我看看。"

小和尚在师父面前又振臂又蹬脚的，可是怎么也飞不起来，他只好说："这儿不行。您若不信，明天早上跟我到塔房去看看好啦！"

老和尚更觉奇怪，第二天他早早来到塔房，不一会儿，果然见小和尚两脚慢慢离地，身体越升越高。

小和尚开心得大叫："师父，快看！"

老和尚却没吭声，只是留神四处观察。当小和尚就快升到最高一层时，老和尚顺眼一瞧，不禁大吃一惊。原来塔棚口上，一条巨蟒正张开血盆大口，要把小和尚往肚子里吸呢！

他大喝一声："巨蟒！"巨蟒受惊，一下子缩了头，小和尚"扑通"一声落在了地上。老和尚把吓瘫的小和尚往肩上一扛，背出塔房，回身急忙把塔门锁上。

老和尚招来众和尚，把情况一说明，当下一合计，决定用火烧来

除掉巨蟒以绝后患。大伙说干就干，不到半天工夫就到山里砍了许多柴来。

　　他们打开塔门把柴火堆得老高，熊熊大火烧死了黑蟒，也烧掉了塔棚和木梯，从此嵩岳寺中便只剩下一座没有塔棚和木梯的空塔了。

　　禅宗是汉传佛教宗派之一，始于菩提达摩在嵩山少林寺传教，盛于六祖惠能，中晚唐之后成为汉传佛教的主流，也是汉传佛教最主要的象征之一。禅宗又名佛心宗。

　　后惠能以下，其著名的弟子有南岳怀让、青原行思、荷泽神会、南阳慧忠、永嘉玄觉，形成禅宗的主流，其中以南岳、青原两家弘传最盛，分成众多的宗派，合称"五家七宗"。

知识点滴

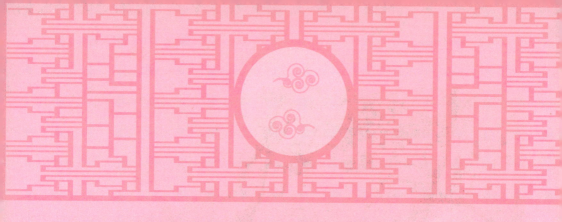

禅宗祖廷千古名刹少林寺

　　相传在东汉明帝时，明帝在一个夜深人静的夜晚，梦见了金色的神人，像金色的鸟儿在宫里飞来飞去，这一晚明帝的梦异常清晰。

　　第二天上朝，明帝就把梦里这些讲给大臣们听，大家都不知道如

何回答，一个名叫傅毅的大臣站出来说，这金色的神人应该就是西方的佛。

于是，皇帝决定派人前往西域寻求佛法。跟随汉朝使节来华的是印度高僧摄摩腾和竺法兰，还有一大批佛经佛像。印度僧人和佛经佛像是由白马驮来的，白马为佛教的东来做出了卓越贡献，佛教在华夏这片古老的土地上生根发芽、茁壮成长。

汉明帝下旨在洛阳西雍门外建白马寺供两人译经。白马寺是我国有史以来的第一座佛寺。后来唐朝诗僧灵澈的诗句写道：

经来白马寺，僧到赤乌年。

说的就是佛教初到白马寺和到三国年间在南方发扬光大的情况。

在白马寺生活的摄摩腾、竺法兰抬起头来，悠然望见东南方有高山耸峙，烟云出于其间，于是奏请明帝，派人陪同他们去那里另寻清静之地建造僧刹。高僧一行有缘踏上了嵩岳福地。

太室山南麓有一狭长的山间谷地，林壑生凉，流泉成响。东面有两峰并立，其间空阙如门，当地人谓之嵩门。每逢中秋，山民们于暮色之中，焚香静坐，以待月出。

须臾，一轮明月从嵩门间冉冉升起，银光泻于空谷，万籁凝于石崖。此景谓"嵩门待月"，乃嵩岳第一胜境。

两位高僧佛心为之所动，决定在这里：

面南岭，建经台；倚北阜，筑讲堂；傍危峰，搭方丈；邻浚流，立僧房。

寺庙建成于公元71年，汉明帝敕名"东都大法王寺"，晚于白马寺3年，这是我国第二座佛教寺院。

汉明帝笃信佛教，大法王寺建成后，由于嵩山地处京畿，往来方便，明帝及随从官员多次亲临道场，听经拜佛。明帝还下令，新任

命的官员，不论职位高低，都必须到大法王寺听经学法后方可上任。

摄摩腾、竺法兰于这座中土宝刹"对千年之乔木，纳万代之芬芳"，凝思静虑，译经布道。继公元68年他们在白马寺完成我国第一部汉译佛经《四十二章经》后，又于嵩山大法王寺陆续译出几种小乘佛教的早期经典。

"乘"是乘载的意思，小乘佛教说的是自我解脱，大乘佛教讲的是普度众生。除了目的有差异，在修行方式上，大乘也比较简单。

随着大乘佛经传入，佛教的影响开始波及民间。

三国时期，嵩山出了我国佛教史上第一个正式受戒出家的汉族僧人，他就是朱士行。

朱士行出生于嵩山南麓的颍川，在嵩山出家之后，以弘传佛教大法为己任，专心于佛教理论的研究。当时风行的大乘经典尚质简约，很多观点实际上没有讲清楚。他因此"誓志捐身，远求大本"，于260年从嵩山出发，开始他的西行求法壮举。

在于阗，朱士行抄取了《般若经》梵文本，于282年遣弟子弗如檀等10人护送经卷回洛阳。10年之后，由精通梵汉两语的天竺僧人竺叔兰和学识渊博的西域僧人无罗叉两人译出，称《放光般若经》，共20卷。

当《放光般若经》在汉地大为风行之时，朱士行仍在于阗，最后以80岁高龄为求法而客死他乡。

《梁高僧传》说他死时有异相，火化后，"薪尽火灭，尸犹能全"，后念诵咒语，骨架才散碎，其弟子们聚骨造塔以供养。

到了496年，北魏孝文帝元宏为安顿印度僧人跋陀住锡，在少室山北麓五乳峰下寂静的山林中建起一座寺院，这便是日后声名显赫的少林寺。

但少林寺的名扬天下，却缘于另一位印度高僧菩提达摩。少林寺落成30多年后，即527年，菩提达摩不辞艰辛，从南天竺国渡海来到东土，开始了禅宗在中华大地上的传播。

达摩首先到了金陵，一月之后来到永宁寺，只见那九级浮屠"金盘炫日，光照云表；宝铎含风，响出天外；歌咏赞叹，实是神功"，自称活了150岁，周游列国，从未见过如永宁寺这般精美的寺院。于

是，达摩口唱南无，合掌赞美不停，已经将心许与嵩山。

离开永宁寺，达摩来到几十千米外的嵩山少林寺，落迹于此，终日面壁。这时候嵩山有位名叫神光的僧人，听说达摩大师住在少林寺，于是前往拜谒。

达摩面壁端坐，不置可否。神光没有气馁。他暗自思忖："古人求道，无不历尽艰难险阻，忍常人所不能忍。古人尚且如此，我当自勉励！"

当时正是寒冬腊月，纷纷扬扬飘起漫天大雪。夜幕降临，神光仍在寺外站立不动，天明积雪已没过他的双膝。达摩这时才开口问道："你久立雪中，所求何事？"

神光泪流满面道："愿和尚慈悲，为我传道。"

达摩担心神光只是一时冲动，难以持久，略有迟疑。神光明白达摩心思，就取利刃自断左臂，置于达摩面前。达摩于是就留他在自己的身边，并为他取名慧可。

少林寺内的立雪亭，便是为纪念慧可断臂求法的事迹而建。

达摩禅师以4卷《楞伽经》授予慧可，慧可就是日后禅宗在东土的第二代祖师，自此，禅宗在我国有了传法世系。

佛教的文化渊源在印度，而禅宗是独具我国特色的佛教宗派，它的文化渊源在嵩山，禅宗在其诞生地印度没有成宗，却在传入嵩山后，成为我国佛教延绵不断的主流宗派。正是因为祖师达摩在少林寺创立了禅宗一派，所以少林寺后来誉为"禅宗祖庭"。

禅宗流传久远的重要原因之一，是其教义和修行方法的简单易行。禅宗的宗旨是：

教外别传，不立文字，直指人心，见性成佛。

　　到了唐代时，六祖慧能提出"顿悟"的主张，连坐禅也免了，认为顿悟并不要求离开现实生活：

　　　举足下足，长在道场，是心是情，同归性海，提水砍柴无非妙道。

　　主张在日常劳动生活中都可以顿悟成佛。

　　少林功夫便起源于僧人的日常生活。相传跋陀的弟子慧光12岁时，能在井栏上反踢毽子500下。在井栏上踢毽子是很危险的，功夫不到家就可能跌落井中。

　　600年，一代高僧玄奘就出生在嵩山北麓缑氏镇陈河村，后来玄奘遍学佛教传入我国的各家经论，发现了诸家之间的见解差异。这种分歧争论"凡数百年，率土怀疑，莫有匠决"，玄奘要来决断。他选择的也是朱士行西行求法的道路，想到印度求取《瑜伽师地论》来统一诸家异说。

玄奘长途跋涉历尽艰辛，终于到达印度的佛学中心摩揭陀国王舍城的那烂陀寺，跟随住持戒贤学习5年，成为精通50部经论的十大德之一。

645年，玄奘回到长安，夹道相迎者数十万，争相目睹唐僧风采。此后，玄奘历时19年，共翻译佛经75部1331卷，并完成地理学巨著《大唐西域记》。

唐朝的建立得到少林寺僧人的帮助。唐王朝不断赐给少林寺财物，大兴土木，修筑佛塔宝殿，皇帝、皇后也常游幸嵩山和少林寺，尊为佛门宝地。当时的少林寺拥有1.4万余亩寺土，寺基540亩，寺庙建筑共5418间，僧人2000多名。正如《少林寺碑》所记：

妙楼高阁，俯瞰为林，金刹宝铃，上摇清汉。

特别是723年，唐玄宗命天文学家僧一行到少林寺修建玉殿，僧一行精心设计建造了一座"梵天宫殿"，雕工极其精湛：

使之悬日月光华，建佛地园林，动烟云气色。

从此，少林寺面貌焕然一新。

到了695年，武则天封禅嵩山，改年号为"万岁登封"元年。登封县名，由此而得。

唐代少林寺名僧辈出，有善护、志操、昙宗、明禅、同光等。

宋代理学兴起，佛、道、儒三教合流。理学家的思想深受禅宗的影响，禅宗及禅宗祖庭少林寺也得到发展。据说宋朝雍熙年少林寺所藏佛经已有9500余卷，当时的少林寺被称为"天下第一名刹"。

元朝时少林寺也很兴盛，元世祖命福裕和尚住持少林寺，他创建了钟楼、鼓楼，当时有僧人2000多名，兴盛一时。日本僧人邵元"久居少林"，担任执事僧、"当山首座"和尚的职务。他为法照和尚撰文并书写了《显教圆通大禅师照公和尚塔铭并序》汉字铭文。邵元还为少林寺住持息庵法师写了《息庵禅师道行之碑》的塔铭。

明朝对少林寺也常加整修，使殿宇一新，金碧辉煌。由于少林寺僧人在抗倭中为明政府效力，明政府免除粮差，为少林寺新修了千佛殿。明朝的王子先后有8人到少林寺出家。

清朝政府对少林寺进行了大规模的整修重建工作，其中1735年的工程规模最大。

雍正皇帝亲览寺图，审订方案，把1734年漕运节省米价和河南省的积存公款全部花光，寺周围成材柏树砍伐殆尽，创建了山门，重修了千佛殿、寮房等。

1750年，乾隆皇帝亲临少林寺，夜宿方丈室，并亲笔题诗立碑，即《乾隆御制诗碑》。